Heidi Gneiting

Ich mache dir eine Tür auf

HEIDI GNEITING

Ich mache dir eine Tür auf

UNTERWEGS ZU DEN QUELLEN GOTTES

GLORYWORLD-MEDIEN

1. Auflage 2012

© 2012 Heidi Gneiting

© 2012 GloryWorld-Medien, Bruchsal, Germany

Bibelzitate sind, falls nicht anders gekennzeichnet, der Lutherbibel, Revidierte Fassung von 1984, entnommen.
Weitere Bibelübersetzung: Elberfelder Bibel, Rev. Fassung von 1985 [ELB].

Das Buch folgt den Regeln der Deutschen Rechtschreibreform. Die Bibelzitate wurden diesen Rechtschreibregeln angepasst.

Fotos: Heidi Gneiting
Auf dem Coverfoto ist der Bridalveil Fall im Yosemite Nationalpark (Kalifornien) abgebildet.

Lektorat/Satz: Manfred Mayer
Umschlaggestaltung: Kerstin & Karl Gerd Striepecke, www.vision-c.de
Druck: Schönbach-Druck, Erzhausen

Printed in Germany

ISBN: 978-3-936322-74-3

Bestellnummer: 359274

Erhältlich beim Verlag:

GloryWorld-Medien
Postfach 4170
D-76625 Bruchsal
Tel.: 07257-903396
Fax: 07257-903398
info@gloryworld.de
www.gloryworld.de

oder in jeder Buchhandlung

INHALT

WIDMUNG

Ich widme dieses Buch unseren drei Kindern. Möge Gott euch immer wieder neu überraschen mit seiner Güte und seinem strahlenden Angesicht über eurem Leben! Wie schön, dass ihr für ein paar Wochen dabei sein konntet und uns auf unserem Abenteuer in Kalifornien, das sich Bethel (Haus Gottes) nannte, ein Stück begleitet habt. Mögen euch die Quellen Gottes immer wieder aufs Neue locken, sodass ihr auch für andere immer mehr zur lebendigen Quelle werdet! Gutes und Barmherzigkeit sollen euch folgen euer Leben lang, sodass ihr für immer bleiben werdet im *Haus Gottes* (Ps 23).

Mein ganz besonderer Dank ...

... gilt meinem himmlischen Vater, der mir vor vielen Jahren durch Jesus eine Tür in sein Reich des Lichts aufgemacht hat und dessen Tür auch weit offen stand für diese Reise nach Kalifornien.

... gilt meinem Mann, der mich mit seinem Humor und seinem Hirtenherz immer wieder erfrischt und umsorgt (hat). Er war ein Stück Heimat in Kalifornien, und jetzt ist er ein Stück Kalifornien in der Heimat. Ich bin sehr dankbar für diese gemeinsame Zeit, die auch unsere Ehe erfrischt und gesegnet hat.

Und natürlich ein dickes Dankeschön an euch alle von der Bethel Church. Ihr habt so viel in uns investiert, die Freude Gottes in uns freigesetzt und uns den Lebensstil des Königreiches Gottes gelehrt. (I want to thank all the wonderful people from Bethel Church for investing so much in us. You have released the joy of the Lord over our lives and you have taught us how to live the lifestyle of God's Kingdom.)

Und das gleiche dicke Dankeschön geht auch an meine Heimatgemeinde, die mich geduldig – zusammen mit vielen anderen – immer wieder Neues hat ausprobieren lassen: von neuen Gottesdienstformen bis hin zu prophetischen Malseminaren, Flaggentanz und vieles mehr. Ihr alle miteinander seid ein großer Schatz für mich und habt direkt und indirekt zu diesem Buch mit beigetragen! Es war schön, von Kalifornien hierher in diese lebendige Gemeinde zurückzukommen!

VORWORT

Wie zehn Monate in einem anderen Land, einer anderen Gemeinde-kultur ein neues Bewusstsein für Gottes Wesen und für sein Wirken auf dieser Erde in mir schufen – das ist das Thema dieses Buches.

Nicht dass ich diese Erfahrungen nicht auch an einem anderen Ort dieser Welt hätte machen können. Aber Gott führte uns zu dieser Bethel-Gemeinde in Redding/Kalifornien, genauer gesagt zur BSSM[1], in der mein Mann und ich als Studenten das erste Schuljahr besuchten. Die BSSM ist aus der Bethel-Gemeinde entstanden, aber in sich ein selbstständiger Ausbildungsort für Studenten aus Amerika und aller Welt. Hierzulande ist Bethel wohl eher bei Musikfans bekannt: Die Worship-Band „Jesus Culture" kommt aus dieser Gemeinde.

Bücher von Autoren dieser Gemeinde, hauptsächlich von Bill Johnson und Kris Vallotton, hatten meine Neugier und meinen For-scherdrang geweckt. Eines war mir bald klar: Dort werden Dinge über Gott und sein Reich gelehrt und vor allem in einer Art und Weise ge-lehrt, wie ich es noch kaum gehört hatte. Es war alles mehr so „vom Himmel her" und wurde trotzdem handfest auf der Erde gelebt.

Um es gleich vorweg zu sagen: Ich bin begeistert von diesem „Haus Gottes", was ja Bethel in Hebräisch bedeutet. Nicht nur wie dort dieses Königreich Gottes ganz praktisch als Kultur gelebt wird, hat mich in Erstaunen versetzt. Auch wie all das im Licht der Bibel gesehen und begründet wird, fasziniert mich. Man kann dort Gemeinde in Erwe-ckung studieren und (mit)erleben. Bei vielem musste ich umdenken. Bei manchem spürte ich, dass es schon seit langem in meinen Ge-danken und meinem Herzen war, aber eben mehr versteckt. Schon aus diesen wenigen Sätzen lässt sich unschwer erkennen, dass Bethel in Redding/Kalifornien zu meinem persönlichen „Haus Gottes" wurde, wo Gott mir begegnete und enorm meinen Horizont erweiterte.

---

[1] „Bethel School of Supernatural Ministry" – Schule des übernatürlichen Dienstes der Bethel-Gemeinde.

Dieses Buch gibt daher einen Überblick über eine Gemeinde in Erweckung sowohl in Theorie als auch Praxis – sozusagen aus der Perspektive eines „Betroffenen". Zudem möchte ich Bethel und den Menschen dort meine Wertschätzung ausdrücken für die geniale Zeit, die ich an diesem Ort verbringen durfte.

Darüber hinaus geht es aber nicht nur um eine spezielle Gemeinde irgendwo im fernen Kalifornien, die Aufbruch und Erweckung erlebt, sondern um das Königreich Gottes überhaupt und weltweit. Was ist auf Gottes Herzen für seine Kinder in einer Zeit wie dieser? Was ist sein Fokus für seine weltweite Familie? Wie können wir zusammenwachsen, voneinander lernen und uns ermutigen, das Königreich Gottes willkommen zu heißen – als individuelle Persönlichkeiten bis hinein in unsere Familien, Gemeinden und Nationen, aus denen wir stammen?

Ich entdeckte also, dass ich in Bethel nicht nur eine ganze Menge lernte für meine persönliche Lebensreise. Ich begann auch aus dieser veränderten Perspektive in Kalifornien die Welt und Gottes Königreich mit neuen Augen zu betrachten.

Jesus war während der drei Jahre seines Dienstes ständig unterwegs. Leben, insbesondere mit Gott, bedeutet ständige Veränderung, ist immer aufregend und neu. Leben im Reich Gottes bedeutet, in Gottes Land des Lichts hineinzulaufen, zu staunen über seine Schönheit, seine Geheimnisse, seine Souveränität und Genialität. In diesem Punkt bin ich hoffnungslos optimistisch.

Der Inhalt dieses Buches beschäftigt sich mit einer Reise, und das Buch selbst ist großenteils auf Reisen entstanden unmittelbar nach unserem Aufenthalt in Bethel – manches auch im Flugzeug oder auf langen Autofahrten. Das ergab sich so. Es war jedenfalls sehr inspirierend, auf diese Weise ein Buch zu schreiben. Ich glaube, nichts davon war einfach so zufällig. Gott führte Regie und brachte mich an verschiedene Orte, um mir zu zeigen: Er ist überall derselbe und doch immer wieder aufregend und neu. Es kam vor, dass ich über ein Wunder im Buch schrieb, z. B. auf einer Autofahrt, und dann auch gleich ein Wunder live erlebte. Das ging manchmal ineinander über. Ich wurde sehr gesegnet beim Schreiben dieses Buches und bete, dass auch meine Leser diesen Segen empfangen ... für ihre eigene Lebensreise mit unserem himmlischen Vater.

EINFÜHRUNG

Faszination Reich Gottes

Ihnen zeigte er sich nach seinem Leiden durch viele Beweise als der Lebendige und ließ sich sehen unter ihnen vierzig Tage lang und redete mit ihnen vom Reich Gottes (Apg 1,3).

Der lebendige, auferstandene Sohn Gottes redet mit seinen Jüngern, seinen Freunden über das wundervolle Reich seines Vaters, ein Reich des Friedens und der Kraft. Wie wichtig muss ihm das Begreifen und Ergreifen dieses Königreiches für seine Jünger sein, wenn er die letzten Tage seines Lebens auf Erden damit zubringt, sie immer noch weiter, tiefer zu lehren ... wie man in dieses Königreich hineinkommt, wie man darin lebt und wächst und immer mehr den Vater, den König, kennenlernt und ihm ähnlicher wird ... und dann hinausgeht und dieses Königreich einfach „mitkommt". Die Jünger sind in diesen 40 Tagen offensichtlich sehr gute Schüler gewesen; das restliche Buch der Apostelgeschichte jedenfalls berichtet, wie sie als Bürger dieses Reiches des Lichts die damalige Welt auf den Kopf stellten (Apg 17,6: *„... diese, die den ganzen Weltkreis erregen, sind jetzt auch hierher gekommen.")*

Es war wie die Proklamation einer neuen Verfassung für eine bis dato noch völlig unbekannte „Regierungsform". Die große Frage, die wohl auch seine Jünger bewegte, war die nach der irdischen Reichweite und Tragfähigkeit dieses Reiches. Sie hofften ganz einfach auf eine Erlösung für Israel, also für ein ganzes Land, eine ganze Nation (vgl. Luk 24,21). Einmal abgesehen von der besonderen Stellung Israels im Erlösungsplan Gottes für diese Welt, lagen die Jünger mit diesem Wunsch eigentlich ganz richtig. Jesus selbst sagt im Missionsbefehl: *„... und machet zu Jüngern alle Völker"* (Mt 28,19). Alle echten Erweckungen, die die Welt bisher gesehen hat, begannen zunächst mit der Erweckung einzelner Menschen. Sie gingen dann auf andere Gläubige bzw. Gemeinden über und schließlich wie ein überfließender Brunnen auch auf kulturelle und gesellschaftliche Bereiche, also eine Stadt, eine Region oder eine ganze Nation. Oft wurden z. B. Gefängnisse geschlossen, weil solche Orte einfach nicht mehr in dem Maße benötigt wurden. Dafür verwandelten sich Straßen und öffentliche Plätze, oft auch Kneipen und Fußballstadien in Orte, wo dieser Vater im Himmel und sein Königreich gefeiert wurde, und die Menschen begannen nach den Werten und Maßstäben dieses Vaters im Himmel zu leben.

In der westlichen Welt hatten wir Zinzendorf und seine Mährener bzw. Herrnhuter Brüder, wir hatten die Erweckung in England unter John Wesley, die Erweckungen in Amerika und die Pfingstbewegung, die von Los Angeles ausging, um nur einige zu nennen. Nur Gott allein weiß, wie stark all diese Quellen – manchmal unter der Oberfläche – noch sprudeln. Sie sind, jedenfalls in der westlichen Welt, besonders in Europa, oftmals zugeschüttet worden, so wie die Brunnen Abrahams von den Philistern zugeschüttet wurden (vgl. 1 Mose 26,15). Ich glaube, dass wir gerade jetzt in einer Zeit leben, wo Gott diese Brunnen verstärkt wieder aufgraben und freilegen möchte. Ganz ähnlich wie Isaak die von den Philistern verschütteten Wasserbrunnen seines Vaters Abraham wieder aufgraben ließ und sie sogar mit denselben Namen benannte (vgl. 1 Mose 26,18). Wer die Brunnen hat, hat das Land, denn Wasser bedeutet Leben. Nachdem Gott im Traum zu Isaak gesprochen und ihn ermutigt hat (*„Fürchte dich nicht, denn ich bin mit dir und will dich segnen ...“*; 1 Mose 26,24), gesteht ihm Abimelech: *„Wir sehen mit sehenden Augen, dass der Herr mit dir ist ... du bist ja doch der Gesegnete des Herrn“* (1 Mose 26,28.29). Am gleichen Tag fanden die Knechte Isaaks sogar neues Wasser.

In dem Maß, wie wir in Gottes Auftrag diese alten-neuen Brunnen des Königreiches Gottes zum Sprudeln bringen, werden die Menschen um uns herum uns als die Gesegneten des Herrn erkennen. Wir müssen zu der Herrlichkeit des Königreiches Gottes nichts hinzufügen, es ist schon vollkommen: *„Der Segen des Herrn allein macht reich, und nichts tut eigene Mühe dazu“* (Spr 10,22). Wir müssen einfach nur „hingehen“, er hat schon alles vorbereitet. Allein in dieser Quelle zu leben, wird uns für andere zur Quelle machen.

Dabei trägt jeder von uns selbst die Verantwortung dafür, sein Leben mit dem Strom Gottes in Einklang zu bringen, das kann niemand anders für uns tun. Die erste Priorität in unserem Leben als Kinder Gottes ist jedenfalls, die Liebe des Vaters ständig zu empfangen, sich davon umgestalten zu lassen und andere auch an diese Quelle zu führen. Dabei benützt Gott mitunter ungewöhnliche, ja fast abenteuerliche Wege, um uns erfrischende Zeiten an seiner Quelle zu schenken, damit wir uns und ihn ganz neu sehen können (vgl. Ps 36,10). Manchmal bedeutet dies, nicht nur innerlich, sondern auch äußerlich Neues zu wagen, an neue Orte zu gehen, wie in meinem Fall zur BSSM[1] in Redding/Kalifornien.

Ich möchte dich mit auf eine Reise nehmen, es ist meine persönliche Reise ... mit allem drum und dran, was man so erlebt, wenn man unterwegs ist. Und gleichzeitig ist es eine Reise in das Königreich Gottes, die dich dazu einladen soll, ganz neu darüber nachzudenken, was es eigentlich bedeutet, wenn wir beten:

Dein Reich komme ...!

---

[1] Vgl. S. 6.

01

Wie alles begann

Es war ein heißer Sommertag im Juli 2009. Ich saß in unserem Dachzimmer und hatte eine kleine „Auszeit" mit Jesus, eigentlich nichts Weltbewegendes, einfach nur so sitzen und träumen. Und plötzlich war da seine Frage: Möchtest du nach Bethel (hebräisch: Haus Gottes) gehen? Etwas Spannenderes, oder soll ich lieber sagen Verrückteres, hätte er mich gar nicht fragen können. Bethel, eine Gemeinde in Nordkalifornien, sozusagen am Ende der – mir bekannten – Welt, war für mich durch die Bücher, die ich gelesen hatte, besonders von Bill Johnson und Kris Vallotton, zu einem Ort der Hoffnung und der Neugierde geworden. Bethel stand für mich für Herz im Himmel, Beine auf der Erde ... und das gleichzeitig. Mit einem Wort: für ein erneuertes Verständnis von „Königreich Gottes mitten unter uns". Aus dem Träumen wurde also plötzlich eine Vision.

Bethel würde aber auch bedeuten, alles hinter mir zu lassen, Familie, Beruf, Gemeinde, Freunde ... und zusammen mit meinem Mann ein Jahr in ein anderes Land zu gehen, mit einer anderen Sprache (die ich nicht sehr fließend sprach), einer anderen Kultur, noch einmal zu studieren, nämlich an der BSSM[1]. Kurz gesagt, mich mit meinem ganzen Leben noch einmal in ganz neuer Weise auf Gott einzulassen. Wir, mein Mann und ich, hatten uns zuvor schon Gedanken darüber gemacht, aber es blieb mehr im Bereich des Träumens. Wenn ich heute zurückblicke auf meine Gefühle, als Jesus mir diese Frage stellte, kann ich nur sagen, ich fühlte mich sehr geehrt und mitten im Zentrum seiner Liebe. Er formulierte meinen Herzenswunsch und machte ihn mir gleichzeitig bewusst. Ich sagte ja. Seine Antwort kam ebenso prompt: „Dann werde ich dir eine Tür aufmachen."

---

[1] Vgl. S. 6.

Auch zu meinem Mann hatte Jesus fast gleichzeitig gesprochen, so deutlich, dass er sich die Worte mit Goldbuchstaben in sein Tagebuch schrieb. Ab diesem Moment merkte ich, dass es nicht mehr meine oder unsere Sache war, um etwas zu kämpfen, sondern seine. Er hatte alles schon vorbereitet. Doch dieses Jahr vor unserer Ausreise hatte es in sich. Es schien alles darauf angelegt zu sein, uns von unserem Vorhaben abzubringen. Bis zum Frühjahr 2010 hatten wir die Vision fast aus den Augen verloren, sie erschien uns einfach nicht mehr durchführbar.

Gott erwischte uns gerade noch, kurz bevor sich die Tür für Bethel für das im Herbst 2010 beginnende Schuljahr schloss. So bewarben wir uns im Juni 2010. Bereits vier Wochen nach der Zusage der BSSM hatten wir unser Studentenvisum für die USA.

Gott „erwischte" uns, damit meine ich, dass er an einem einzigen Tag die Vision, nach Bethel zu gehen, wieder ganz neu belebte. Dabei erinnerte er jeden von uns beiden noch einmal ganz persönlich und deutlich an seine prophetischen Worte, die er uns ein Jahr zuvor gegeben hatte. Anders ausgedrückt: Wir konnten wieder klar erkennen, dass Jesus selbst uns diese Tür aufgemacht hatte und sie deshalb auch nicht so einfach durch ungünstige Umstände geschlossen werden konnte (vgl. Offb 3,8: *„Siehe, ich habe vor dir eine Tür aufgetan und niemand kann sie zuschließen"*).

Es war eine anstrengende Zeit der Vorbereitung für unsere „Auswanderung" nach Kalifornien, hier Zelte abbrechen, z. B. den Arbeitsplatz räumen, Papierkram erledigen und gleichzeitig die Bewerbung fürs amerikanische Visum, die Suche nach einer geeigneten Unterkunft in Kalifornien usw. Mitten in dieser turbulenten Zeit hatte eine liebe Freundin während eines Gebetstreffens eine Botschaft für mich. Sie sah Jesus vor mir stehen, seine Hände gefüllt mit Schlüsseln. Er ermutigte mich für die kommende Zeit, diese Schlüssel zu nehmen, wann immer es nötig wäre. Das passte eigentlich sehr gut zu dem Versprechen von Jesus, uns für dieses Jahr in Bethel „eine Tür aufzumachen". Wir haben so viele Türen mit diesen Schlüsseln aufbekommen, die absolut verschlossen erschienen. Die Schlüssel standen offensichtlich für die Fähigkeit, mit Gottes Hilfe Hindernisse zu überwinden, die sich uns in den Weg stellten. Je mehr wir diese Schlüssel anwendeten, umso mehr wurden wir selbst zur Tür bzw. konnten anderen damit dienen. Und es könnte ja gut sein, dass dir meine Geschichte auch „eine Tür aufmacht" in neue Dimensionen unseres großen Gottes und Vaters im Himmel.

So stiegen wir also Ende August 2010 ins Flugzeug nach San Francisco. Wir wollten von dort aus ein wenig unsere neue Heimat erkunden, bevor wir Mitte September in Bethel starten würden.

02

Unterwegs in Kalifornien

Kalifornien, der goldene Staat im Westen Amerikas, war schon immer Pionierland gewesen, im Natürlichen wie im Geistlichen. Der Goldrausch von 1849, als Gold an den Nebenflüssen des Sacramento im nördlichen Kalifornien gefunden wurde, ist wie eine Vorschattung des „Goldes", das Gott später in Erweckungen und Bewegungen in diesem Land geschenkt hat. Übrigens ist diese Goldader in den Vorbergen der Sierra Nevada östlich von Sacramento bis heute noch nicht erschöpft. 70 % davon ruhen noch in der Erde, ein Abbau in größerem Umfang lohnt sich wegen der Unzugänglichkeit des Goldes aber nicht.

Von Anfang an empfanden wir, dass man die Aufbrüche in Bethel viel besser verstehen kann, wenn man weiß, was Gott insgesamt in Kalifornien bewegt hat. Das heißt, wie das Phänomen Bethel eingebettet ist in die Geschichte seines Landes.

Kalifornien hatte und hat bis heute eine Vorreiterrolle in vielen gesellschaftlichen Bereichen: am meisten wohl durch Silicon Valley, die Wiege des Computers südlich von San Francisco, und Hollywood, die Filmmetropole. Aber es ist auch führend in der landwirtschaftlichen Produktion in den USA und weltweit, u. a. in Sachen Wein, Mandeln, Walnüsse, Olivenöl und Getreide.

Richtig spannend wird es aber, wenn man die lange Liste der weltweiten Reich-Gottes-Bewegungen sieht, die in Kalifornien begannen: allen voran 1906 die Azusa-Street-Erweckung in LA (Los Angeles), auch Ausgießung des Heiligen Geistes genannt. Sie erinnerte sehr stark an das biblische Pfingstwunder bis hinein in äußere Phänomene. Sie gilt als die größte Erweckung auf dem gesamten amerikanischen Kontinent mit weltweitem Einfluss. Aber auch „Jugend mit einer Mission" (Gründer: Loren Cunningham) und die Vineyard-Bewegung (John Wimber) gingen von Südkalifornien aus, ebenso Aimee Semple McPherson, die große Erweckungspredigerin in LA in den 1920er Jahren. Sie zählte zeitweise sogar Hollywood-Größen wie Charly Chaplin und Anthony Quinn zu ihren Mitarbeitern und leitete als erste Frau einen christlichen Radiosender. Ihr Dienst war von gewaltigen Heilungswundern begleitet.

Kein geringerer als Billy Graham hatte dort (in Los Angeles) seinen entscheidenden Durchbruch als Zeltevangelist. Sogar unterstützt von der Presse, strömten plötzlich Tausende zu seinen Versammlungen.[1] Die Liste ließe sich beliebig fortsetzen, z. B. mit Rick Warren, der durch seine Bestseller „Leben mit Vision" und „Kirche mit Vision" auch bei uns bekannt wurde. Seine *Saddleback Church* ist im Süden von LA beheimatet. Oder nehmen wir Bill Bright's *Campus für Christus (Campus Crusade for Christ),* 1951 in Kalifornien gegründet. Seine Vision, einen ganz besonderen Jesus-Film zu drehen, wurde 1984 in Kalifornien Wirklichkeit und geht seither um die Welt. Diese Verfilmung des Lukasevangeliums wurde in 1006 Sprachen übersetzt und in 228 Ländern gezeigt und ist der am meisten gesehene Film, der jemals produziert wurde.

Oder gehen wir von LA ein paar hundert Kilometer nach Norden, nach San Francisco, wo innerhalb der Hippiebewegung Anfang der 1970er Jahre plötzlich die Jesus-People-Bewegung aufbrach. Sie breitete sich in Kalifornien und vielen weiteren Ländern aus, war aber in San Francisco leider nur von kurzer Dauer.

Immer wieder sprach Gott auf unseren Fahrten durch Kalifornien zu uns und wir begriffen mehr und mehr, wie Gott mit diesem Land Geschichte schreibt bzw. geschrieben hat. Er sprach oft durch seine Schöpfung zu uns, aber auch durch Menschen oder besondere Situationen. Kalifornien ist ein sehr schönes Land. Wo wir im Natürlichen über das Land ins Staunen kamen, zeigte er uns manchmal, was er sozusagen „hinter den Kulissen" in der geistlichen Welt am Vorbereiten war – oder schon getan hatte. Ich glaube, er schulte uns ein bisschen, den „Reich-Gottes-Blick" für ein Land und dessen Menschen zu bekommen. Ein paar dieser besonderen Reiseeindrücke möchte ich im Folgenden wiedergeben.

---

[1] Vgl. Henry Fallany, *God, Gold and Glory,* Outskirts Press 2009, S. 91.

San Francisco und die Pazifikküste

Die Golden Gate Bridge in San Francisco

San Francisco und die *Bay Area* (Meeresbucht bei San Francisco) war die erste Ecke, die wir auf dieser anfänglichen zweiwöchigen Rundfahrt durch Nordkalifornien besuchten, bevor im September unsere Studienzeit in Bethel/Redding beginnen sollte. Wir fuhren *cable cars* (eine Art Straßen-Berg-und-Tal-Bahn, von unterirdischen Seilen gezogen), mit denen wir unseren Spaß hatten, immer bergauf, bergab, an viktorianischen Häuserfassaden vorbei mit Blick auf die Bay oder die ehemalige Gefangeneninsel Alcatraz und die große Bay-Brücke. Doch trotz *cable cars* und *Golden Gate Bridge* spürten wir irgendwie, dass das nicht die Stadt war, die sie nach Gottes Willen hätte sein können, und fühlten uns manchmal eher bedrückt.

Wir besuchten damals auch die *Fisherman's Wharf* (Fischerwerft) in San Francisco, genauer gesagt das Aquarium dort. Als ich in dem Glastunnel so die Fische um mich herum betrachtete und über Gottes geniale Schöpfung und seine Kreativität staunte, sprach er plötzlich ganz unvermittelt in meine Gedanken hinein: *Ich möchte meine*

Stadt zurückhaben. Ich habe sie als einen kreativen und innovativen Ort geschaffen.

Er hatte meine ganze Aufmerksamkeit. Ich wusste damals noch nicht viel über Kalifornien, aber was war das für ein Land, dass Gott mir gleich am ersten Tag hier solche Dinge sagte? Es war nicht die einzige Botschaft, die er mir über Kalifornien und besonders die Region um San Francisco gab. Später in Bethel, in Zeiten der gemeinsamen Anbetung im Gottesdienst, hatte ich immer wieder ein Bild: Ich sah über Bethel und der ganzen Stadt Redding die Wolke der Herrlichkeit Gottes. Aus dieser Wolke kam eine Wasserwelle hervor, die sich das *Central Valley* (zentrales Tal zwischen der Sierra Nevada und dem pazifischen Küstengebirge) hinunterstürzte. Auf der Höhe von Sacramento, der Hauptstadt von Kalifornien, mischte sie sich mit einer Welle des Feuers aus dem Süden und ergoss sich dann westwärts über San Francisco. Erfrischung und neues Leben aus dem Norden, Feuer der Erweckung aus dem Süden – kann es eine bessere Zukunft für ein Land bzw. eine Stadt geben? Was ich damals noch nicht so genau wusste: im Natürlichen ist es genauso. Der Norden Kaliforniens, wo im Winter der meiste Regen fällt, versorgt das restliche Land meist per Stauseen und Kanäle mit Wasser; der Süden, vor allem das Landesinnere, ist eher die heiße Zone mit Wüsten und hohen Temperaturen.

Als wir dann später in Bethel einübten, Menschen, Situationen, Städte und Länder mit Gottes liebenden Augen zu betrachten, seine Pläne dafür zu sehen und entsprechend zu beten, sahen wir auch San Francisco mit neuen Augen. Obwohl es beim zweiten Besuch Dezember war, lag Frühling über der Stadt und so eine faszinierende Leichtigkeit. Aber der Unterschied war auch in unseren Herzen. (Es war kein geplanter Aufenthalt: Wir warteten gerade auf unseren Weihnachts-Rückflug, weil die europäischen Flughäfen ziemlich eingeschneit waren.)

Ich denke da zum Beispiel an diese kleine Begegnung in einer Pizzeria nahe einer Cable-car–Haltestelle. Es hatte gegen Abend zu regnen begonnen, sodass wir schnell in besagte Pizzeria flüchteten. Trotz des Andrangs war die Bedienung sehr liebenswürdig und wir freuten uns, im Trockenen zu sitzen. Ich zog eine Grußkarte aus meiner Handtasche und schrieb ihr ein paar Worte der Anerkennung darauf, auch des Dankes für die gastfreundliche Atmosphäre und dass Gott das auch ganz cool fände ... oder so ähnlich. Das Letztere war mir schon wichtig, denn ohne Gott, der mir so oft half und mich an Dinge erinnerte, wäre diese Grußkarte wohl gar nicht zustande gekommen. Ich wollte sie einfach mit ihrem Schöpfer zusammenbringen. Ihre Reaktion war phänomenal: Sie drückte die Karte an ihre Brust, war voll des Dankes und winkte uns mit der Karte noch durchs Fenster nach, als wir das Lokal schon verlassen hatten. Unnötig zu erwähnen, dass wir uns von da an in dieser Stadt sehr wohl fühlten.

Doch zurück zu unserer zweiwöchigen Rundfahrt im Sommer. Von San Francisco aus wollten wir als Erstes die Pazifikküste erkunden. Der berühmte Highway Nr. 1 war wirklich genial. Von romantisch bis schwindelerregend, von lieblichen Sandbuchten bis zu wilden Felsklippen gab es die ganze Palette. Leider fehlte öfter mal das Wichtigste: die Sicht. Niemand hatte uns gesagt – oder hatten wir einfach nicht genau hingehört –, dass an der Küste in den Sommermonaten oft Nebel herrscht. Eiskalte Strömungen aus der Tiefe des Pazifiks verursachen kalte Luft, die auf die sehr heiße Luft über dem Festland trifft, was zu Nebel führt. San Francisco liegt eigentlich auf dem gleichen Breitengrad wie Süditalien. Leider merkt man davon gerade im Sommer nicht sehr viel, der Pazifik ist einfach zu kalt. Der wird erst Richtung Süden wärmer, in Los Angeles, San Diego oder Mexiko. Aber Gott schenkte uns immer wieder sehr klare Tage, Tage, an denen wir jede Menge Pelikane, oft sogar in klassischer Pfeilformation am Himmel sahen, oder Seelöwen und Seerobben, die sich auf den Strandfelsen sonnten. Manchmal tauchten auch Delfine weiter draußen im Meer auf. Was mir ganz besonders gefiel: mit dem Boot vom Pazifik aus Flüsse hinaufzupaddeln, z. B. den Albion bei Mendocino (2½ Std. nördlich von San Francisco). Das kam unserer Outdoor-Seele so richtig entgegen und versöhnte uns wieder mit der Pazifikküste und dem fehlenden sonnigen Mittelmeer. Denn ins Landesinnere hinein wurde der Himmel nach wenigen Kilometern strahlend blau.

The Lord's Land (Das Land des Herrn)

Mendocino an der Pazifikküste war dann auch die Ecke, die wir in der Thanksgiving break (eine Woche Ferien Ende November wegen des amerikanischen Erntedankfestes) nochmals aufsuchten. Mittlerweile hatten wir jedoch ein anderes Ziel, obwohl man auf dem Albion auch noch im November hätte paddeln können. Wir hatten von „The Lord's Land" bei Mendocino gehört. Das ist nun wieder so eine typische Sache … eben wie Gott Geschichte schreibt, manchmal auf ganz holprigem Untergrund. Er ist da überaus kreativ und souverän. „The Lord's Land" ist sozusagen ein Stück deutschkalifornischer Erweckungsgeschichte. Deshalb wollten wir uns vor Ort ein wenig auf Spurensuche begeben.

Den geschichtlichen Rahmen für dieses Stück Land lieferte die oben erwähnte Hippiebewegung Ende der 1960er Jahre, die irgendwie in San Francisco ihren Anfang nahm. Eine Dame aus Deutschland, so um die 40, noch nicht lange von einem amerikanischen Millionär geschieden, suchte in der Flower-Power-Bewegung nach einem neuen Lebenssinn. Was sich im Verlauf der Suche herausstellte: Sie hatte ein wundervolles Hirtenherz und sammelte junge Leute um sich, die in der Sackgasse von Alkohol und Drogen gelandet waren. In ihrem Bestreben, sie aus der Stadt herauszuholen, in eine neue Umgebung „ohne Szene", fand sie dieses Stück Land und kaufte es mit dem Geld, das ihr noch geblieben war.

Man muss schon schmunzeln, wenn man die alten Fotoalben anschaut, wie die „Blumenkinder" damals auf diesem Stück Land, kurz „The Land" (das Land) genannt, lebten. Vor allem, was sie für urige Hütten und Häuser aus dem fast unverrottbaren Holz der Mammutbäume bauten. Sie sind fast alle heute noch zu bewundern, samt den handgeschnitzten Wegweisern und Holzbänken mit Bibelsprüchen drauf. Ja richtig, Bibelsprüche, Gott hatte da wie gesagt auch noch ein Wort mitzureden. Denn Sabine Ball, so hieß die ehemalige Millionärsgattin, fand in der Jesus-People-Bewegung durch einen befreundeten Pastor zu Jesus. Deshalb hieß das Land fortan „The Lord's Land", das Land des Herrn, und die ganze Szenerie änderte sich radikal. Plötzlich sieht man auf den alten Bildern junge Leute im Kreis mit einer Gitarre sitzen oder in Anbetung stehen oder Taufszenen an einem Bach. Viele Hunderte von jungen Hippies fanden durch Sabine Ball dort zu Jesus. Ihre Suche nach einer heilen Welt, nach einer Unschuld und Kindlichkeit fand ihr Ziel am Herzen Jesu.

Auf dem Gelände von „The Lord's Land": Das kleinste der damaligen „Hippie-Häuschen" (gezimmert aus dem Holz des Mammutbaums)

Sabine Ball, die später nach Deutschland zurückkehrte, war hierzulande eher bekannt als Mutter Teresa von Dresden, vor allem durch ihr „Café Stoffwechsel" in besagter Stadt. Hier tat sie das Gleiche wie in Kalifornien: junge Leute für Jesus zu begeistern und ihnen aus Drogen und Alkohol herauszuhelfen. Inzwischen hat Jesus sie endgültig an sein Hirtenherz geholt; sie verstarb 2009 in hohem Alter. Die Fotoalben kann übrigens jeder einsehen: „The Lord's Land" gehört heute „Jugend mit einer Mission" und die Fotoalben liegen in der Rezeption aus. Im übrigen können die meisten der Hippiehäuschen angemietet werden, auch für Gruppen.

Was wir sofort spürten: Das Land erzählt heute noch von der damaligen Erweckung. Es liegt so etwas Leichtes, aber auch Spannendes in der Luft. Als ich mich am ersten Morgen auf dem Gelände umsah, blieb ich in der Bücherei Sabine Balls hängen. Das war eine kleine Hütte mit Schaukelstuhl, wo ihre neueste Biografie auslag, in die ich mich sogleich vertiefte.[2] Mein Mann ist da anders gestrickt. Er hat sich das Buch in Deutschland besorgt und es später in Ruhe gelesen.

Als ich mich – Stunden später – auf dem liebevoll angelegten Gelände umsah, entdeckte ich die *Raccoon Cabin* („Waschbärenhütte"). Es war ein Holzhaus, das Sabine Ball längere Zeit bewohnte und das an Originalität und urigem Stil nichts zu wünschen übrig ließ. Später fand ich schließlich auch die *Prayer Cabin.* Diese Gebetshütte war nur auf einem schmalen Waldpfad zu erreichen, der mitten durch die gewaltigen *Redwoods* (Mammutbäume) den steilen Hang hinunterführte. Vorsichtig öffnete ich die Tür – im Moment hielt sich wohl niemand darin auf – und fand mich in der Vergangenheit wieder. Oder sollte ich vielleicht besser sagen in der Gegenwart unseres ewigen Vaters im Himmel? Es war wie eine Szene aus einem alten Film. Ringsum große Glasfenster mit schweren Holzrahmen, massiver Holzboden, eine kleine Holztreppe, die unters Dach führte, im Hintergrund eine kleine Küchenzeile mit Holzofen, ein Ständer mit schweren Holzscheiten. Aber mir war's auch so schon ganz warm ums Herz. Vor allem als ich auf das alte Bild über dem Kamin schaute, in dessen Glas sich die Mammutbäume spiegelten. Sehr gekonnt und naturgetreu war da das Porträt eines Löwen gemalt. Auf seinen verschränkten Vorderpfoten saß ein Lamm, das vertrauensvoll und bewundernd zu ihm aufblickte. Mir kamen die ganzen Lämmer in den Sinn, die der mächtige Löwe hier gesammelt hatte. Schöner konnte man Erweckung nicht darstellen. Aber dann musste ich auch an das Lamm Gottes denken, das in diese Welt gekommen war und mit vertrauensvollem Blick auf seinen himmlischen Vater seinen schweren Weg ging, um die Menschheit zu erlösen.

Feuerfälle und Schofarbläser

Eine der eindrücklichsten Reiseerinnerungen bildeten aber sicher die Erlebnisse gegen Ende unserer oben erwähnten zweiwöchigen Nordkalifornien-Reise.

---

[2] Martin Schmiedel, *Sabine Ball – Begegnungen und Erinnerungen,* Brunnen 2009.

Von der Pazifikküste fuhren wir über *Sonoma Valley*, einem Tal, in dem ausgezeichneter kalifornischer Wein wächst, schließlich zum *Yosemite*-Nationalpark. Er ist berühmt für seine vielen sehr hohen Wasserfälle. Alles dort ist einfach nur schön. Das *Yosemite Valley* (Yosemite-Tal) mit dem *Merced River* („Fluss der Gnade", *merced* heißt Gnade auf spanisch) und den Bergriesen *El Capitan* („der Kapitän") und *Half Dome* („Halbdom") ist das beeindruckende und viel bereiste Zentrum des Parks am Westrand der Sierra Nevada. Die Wasserfälle waren allerdings im September großenteils ausgetrocknet. Wir haben sie erst im darauffolgenden Frühjahr, als wir nochmals hinfuhren, bewundern können. Was aber vielleicht nicht so bekannt ist: Es gab im *Yosemite Valley* auch „Feuerfälle" von einem Berggipfel gegenüber dem *Half Dome*. Glühende Kohlen wurden jeden Sommerabend nach Einbruch der Dunkelheit auf das Kommando hin „Let the fire fall!" (Lass das Feuer fallen!) aus fast 1000 Höhenmeter herabgeschüttet. Zeitzeugen berichten, dass es alle Beteiligten in großer Andacht bestaunt hätten, so „wie wenn man in einer Kirche wäre".[3] Danach herrschte ehrfürchtige Stille und viele weinten, bevor schließlich tosender Beifall losbrach. In der Tat zogen die Feuerfälle solche Unmengen von Besuchern aus aller Welt an, dass sie 1968, nachdem sie fast 100 Jahre lang jeden Sommerabend stattgefunden hatten, eingestellt werden mussten, um das Tal vor den Menschenmassen zu retten. Der Autor des Buches „God, Gold and Glory" (Gott, Gold und Herrlichkeit) weist auf diese Feuerfälle als ein prophetisches Zeichen Gottes für die Erweckungen in Kalifornien hin, besonders 1906 in der Azusa Street in Los Angeles.[4]

Über den 3200 Meter hohen Tiogapass verließen wir schließlich den *Yosemite Park* und fuhren über das Hochland der Sierra Nevada zum *Lake Tahoe*. Er gehört zu den größten und höchstgelegenen Bergseen der USA und ist berühmt für seine wunderschönen Blau- und Grüntöne. Als gute Touristen suchten wir nach der nächstbesten Gelegenheit, ans Seeufer zu kommen. Als wir aus dem Auto stiegen, trauten wir kaum unseren Ohren: Jemand stand zwischen ein paar Kiefern oberhalb des Seeufers und blies ein Schofar (israelisches Widderhorn). Wir hörten andächtig zu und kamen dann mit

---

[3] Quelle: *Yosemite Firefall*, Huell Howser Prod. – ein Dokumentarfilm.
[4] Henry Falany, *God, Gold and Glory*, Outskirts Press 2009, S. 83 und 84.

dem Mann ins Gespräch. Er kam aus der Bay Area (Buchtregion) bei San Francisco. Gott hatte ihm morgens gesagt, dass er zum *Lake Tahoe* fahren solle, die genaue Stelle würde er ihm dann noch zeigen. Es war tatsächlich genau die Stelle, wo wir mehr oder weniger „zufällig" hielten! Von San Francisco sind es 3 bis 4 Stunden Fahrt zum *Lake Tahoe,* und er hatte an diesem Tag eigentlich etwas ganz anderes vorgehabt.

Als wir ihm sagten, dass wir auf unserem Weg nach Bethel in Redding seien, wo wir demnächst als Studenten des ersten Schuljahres anfangen würden, war er außer sich vor Freude. Er kannte Bethel sehr gut und ging selbst in eine Gemeinde, die mit Bethel zusammenarbeitete. Uns wurde klar: Eine neue, radikal andere Zeit würde jetzt beginnen – Schofars wurden in Israel ja auch an Neujahr geblasen. Um uns das unmissverständlich klar zu machen und uns gleichzeitig zu ermutigen und willkommen zu heißen, hatte Gott diesen „Schofarbläser" für uns bestellt – er selbst sah das auch so. Was uns zutiefst berührte: Der Mann war gehorsam und nahm die lange Anfahrt auf sich, ohne zunächst zu wissen, worum es überhaupt ging. Noch in derselben Nacht fuhren wir nach Redding in den hohen Norden Kaliforniens und bezogen also Mitte September unser kleines Häuschen dort, eine Meile (1,6 km) vom Bethel Campus entfernt.

Der Schofarbläser vom Lake Tahoe

03

Studentenleben oder: „Die Riesen kommen"

Die Schule startete erst ein paar Tage später und deshalb wären wir eigentlich noch gerne einen Tag am Lake Tahoe geblieben. Aber Gott wollte uns am nächsten Morgen, einem Sonntag, im Gottesdienst in Bethel haben. Kris Vallotton, der Direktor der BSSM und neben Bill Johnson der zweitwichtigste Leiter in der Bethel-Gemeinde, predigte an diesem Morgen. Er war der erste Prediger in Bethel für uns, und sein Englisch haben wir von Anfang an richtig gut verstanden. „Du weißt, dass du im gelobten Land bist, wenn die Riesen kommen!" (vgl. 4 Mose 13,33), war seine Botschaft. Darauf waren wir gar nicht eingestellt, freuten wir uns doch, endlich am Ziel unserer Träume angekommen zu sein. Wir rechneten eigentlich mehr mit „Milch und Honig" (vgl. 4 Mose 13,27) nach den anstrengenden Vorbereitungen und legten die Botschaft auf die Seite ... bis sie dann kamen, die Riesen!

Der erste kam gleich in den nächsten Tagen und hieß Sprachbarriere. Wir waren in den letzten Jahren immer wieder in Israel gewesen und dachten, wir seien einigermaßen fit in Englisch, weil wir dort auch immer englisch sprachen. Aber in einer fremden Sprache *zu studieren* ist doch noch mal etwas ganz anderes. Ich glaube, irgendwie warteten wir am Anfang immer auf die deutsche Übersetzung, wie wir das bei amerikanischen Gastrednern in Deutschland gewohnt waren.

Aber es ging pausenlos in Englisch weiter. Wir kamen immer mehr in Nöte, weil wir auch Ansagen und Infos (oft auch wegen der sehr unterschiedlichen Akzente) nicht gleich verstanden. Und das gerade am Anfang, wo so viel zu regeln war. Nach einer Woche waren wir schon so gestresst, dass uns John, unser *Revival Group Pastor* (Pastor der Erweckungsgruppe), von uns Studenten auch liebevoll Papa John genannt, übers Wochenende eine Auszeit verordnete.

Unser Alltag an der BSSM

Die BSSM war alles andere als ein kleines Unternehmen. Im ersten Schuljahr waren wir 850 Studenten, davon ca. 250 internationale Besucher. Im zweiten Schuljahr waren es ca. 400 Studenten, die neben den Lehreinheiten schon in eigenverantwortlichen Diensten mitarbeiteten. Das erste Schuljahr war in zwölf *Revival Groups* (Erweckungsgruppen) zu je ca. 70 Studenten eingeteilt. Innerhalb dieser Gruppe war jeder noch in einer *Small Group* (Kleingruppe) mit drei bis vier Studenten zusammen. *Revival Group* und *Small Group* fanden jeweils einmal pro Woche statt. In meiner Kleingruppe waren wir fünf Frauen aus fünf verschiedenen Ländern in vier verschiedenen Kontinenten. Wir waren richtig stolz darauf, wie gut wir uns verstanden – trotz der unterschiedlichen Herkunft – und uns gegenseitig zum Segen wurden. Gott hatte auch sprachlich für das Verstehen gesorgt, denn es war noch eine Schweizerin in meiner Kleingruppe, die mir in dieser Zeit zur liebenswürdigen Helferin wurde. Nach einiger Zeit der Eingewöhnung wählten die Kleingruppen ihren Leiter. Die Leiter trafen sich einmal die Woche mit dem Revival Group Pastor.

Mit John wurde die *Revival Group* immer zu einem Höhepunkt der Woche, so mit Milch und Honig ... wie es eben ist, wenn sich Familie Gottes trifft und viel Spaß miteinander hat. Und dabei wurde auch einiges gelernt. Johns Lachen war immer ansteckend und vom Himmel inspiriert! Das war eine ganz praktische Lektion in Sachen „Die Freude am Herrn ist unsere Stärke" (vgl. Nehemia 8,10). Im Lauf der ersten Wochen begann sich meine Sicht von Gott beachtlich zu erweitern. Johns Lachen und Kris Vallottons Lehre über unsere Identität als Gottes Königskinder zusammen mit seinem genialen Humor schenkten mir eine vertiefte Sicht von Gottes Wesen. Mein Verstand wusste das wohl schon, aber mein Herz genoss es, nun auch ganz real darin zu leben. Gott hat echt Freude an seinem Leben, und er genießt es, mit uns, seinen Kindern, zusammen zu sein.

Was ich in Bethel immer wieder gehört habe – und das hat mir gefallen: Die schlimmen Dinge auf dieser Welt, persönliche und weltweite Katastrophen, dürfen dich niemals davon abhalten, Freude und Frieden mit deinem Papa im Himmel zu erleben. Von Gottes Herz aus wird die Welt regiert, und da ist Leben und Freude drin. Es ist gut und richtig, all das Schwere, Unverständliche vor Gott auszubreiten und ihm unser Leid zu klagen, aber wir sollen das Schwere dann bei Gott lassen. Wir können es nicht tragen, das hat Jesus für uns schon längst getan: am Kreuz. Beni Johnson, die Frau von Bill Johnson, hat das in ihrem Buch „Der glückliche Fürbitter" so formuliert: „In Gebetszeiten können wir Bürden tragen, aber ich glaube, dass es uns nicht gestattet ist, das außerhalb unserer Fürbittezeiten zu tun. Es gibt ein Austauschprogramm für uns: Wir übergeben dem Herrn unsere mühseligen und schweren Lasten, und er gibt uns Ruhe."[1] Das ist echt „a good word" (ein gutes Wort), wie wir als Studenten oft anerkennend einem Prediger zuriefen.

Die Herausforderung lag darin, diese guten Worte anzuwenden, darin zu leben, wenn die Riesen kamen. Der nächste ließ auch nicht lange auf sich warten, er ergab sich sozusagen aus dem Sprachbarriere-Riesen: Hausaufgaben. Ich möchte vorausschicken, dass wir extrem gute Bücher zu lesen bekamen, großenteils von Bethel-Autoren. Auch die Arbeitsblätter zum Thema Kingdom Foundations (Fundamente von Gottes Reich), Bibelarbeiten und was es sonst noch zu tun gab, waren sehr lehrreich. Aber wir brauchten wegen Englisch einfach viel zu lange, zumindest in der ersten Zeit. Und die Hausaufgaben waren auch ohne Sprachbarriere sehr umfangreich, wie uns unsere amerikanischen Freunde immer wieder versicherten. Es war einfach eine intensive Schulung.

Wir hatten mit Kampf in ganz anderen Gebieten gerechnet, Kultur und Umgewöhnung und so, aber das lief eher nebenher. Kalifornien war uns sehr bald vertraut, wir fühlten uns von Anfang an sehr willkommen geheißen. Vielleicht lag das auch an den vielen Leuten mit deutschen Wurzeln. In den Goldgräber-Museen stießen wir oft auf deutsche Namen oder Gebrauchsgegenstände. Aber auch noch später wanderten sehr viele Deutsche nach Kalifornien aus. Wenn

---

[1] Beni Johnson, *Der glückliche Fürbitter,* GloryWorld-Medien 2010, S. 68.

die Leute unseren Akzent hörten, freuten sie sich und erzählten uns oft von deutschen Großeltern oder sogar Eltern.

Jedenfalls half uns die Freundlichkeit der Menschen im fernen Kalifornien, uns wie daheim zu fühlen. Eine kleine Begebenheit mag das verdeutlichen. Das „Samoa Cookhouse" (die ehemalige Küche eines Holzfällerlagers, jetzt ein uriges Restaurant mit kleinem Museum) bei Eureka an der Pazifikküste, wurde sofort zu unserem Lieblingsrestaurant. Wenn wir Gäste aus Deutschland zu Besuch hatten, gingen wir gerne dort essen, bevor wir mit ihnen durch die nahegelegene „Avenue of Giants" (Straße der Riesen, gemeint sind die *Redwoods* oder Mammutbäume) fuhren. Beim dritten – und leider letzten – Mal nahm uns die Bedienung herzlich in den Arm und begrüßte uns wie alte Freunde. Heimweh kam also nie auf.

Unser Cottage und andere Geschenke Gottes

Aber was das Wichtigste im Kampf mit den Riesen war: Gott war eindeutig auf unserer Seite. An jeder schwierigen Wegbiegung stand ein Engel und half uns weiter. Zum Beispiel bei der Wohnungssuche, die wir ja schon von zu Hause erledigen konnten. Nachdem wir einige Zeit im Internet gestöbert hatten, ohne etwas Passendes zu finden, fragten wir in Bethel an, ob sie uns helfen könnten.

Ich erinnere mich noch, dass ich zwei Tage zuvor Gott um ein Cottage (kleines Ferienhaus) gebeten hatte. Wir hatten mal in Israel in einem Cottage gewohnt und ich verband damit romantische Erinnerungen. Kurz darauf bekam ich eine E-Mail von Bethel. Es war die weitergeleitete E-Mail einer Frau, die ein kleines Cottage ganz in der Nähe vom Bethel Campus besaß. Sie war selbst Christ und sehr schnell davon überzeugt, dass wir die richtigen Mieter dafür seien. Natürlich waren wir dabei. Wie wir später erfuhren, kamen die E-Mails, also unsere Anfrage und das Angebot von unserer Vermieterin, fast gleichzeitig an, und sie mussten es mehr oder weniger nur weiterleiten.

Das Cottage, in dem wir in Redding wohnten

Unser „herzig's Hüsli", wie es unsere Schweizer Freunde nannten, machte uns und auch unseren Besuchern sehr viel Freude. Es sah aus wie eine Filmszene aus Mark Twains „Huckleberry Finn" mit weißem Holzzaun, kleinem Vorbau, und war für uns immer eine Oase des Friedens und des Rückzugs (vgl. prophetisches Bild am Ende des Kapitels). Anfänglich dachte ich, dass es noch mehr solcher Cottages in Redding geben müsste, weil wir so schnell und einfach eines gefunden hatten. Aber dem war nicht so. Gott ist einfach präzise und punktgenau in seinen Wundern.

Ein weiteres Problem, das wir, nicht zuletzt aus Zeitmangel, vor uns herschoben, war der Kauf eines Autos. Kalifornien ist recht umweltbewusst und es gibt dort auch Radwege. So kauften wir uns Räder wie viele andere Studenten und hatten am Anfang auch ein Mietauto. Aber irgendwann am Ende des Herbstes würde die Regenzeit kommen und dann brauchten wir ein eigenes Auto. Eines Tages kamen wir mit unserem amerikanischen Nachbarn näher ins Gespräch und er erwähnte beiläufig, dass seine Freundin ihr Zweitauto verkaufen wolle. Zu einem ganz passablen Preis, wie wir fanden. Das

31

sah sehr nach Gottes ausgestreckter Hand aus, und so schlugen wir ein. Seine Freundin wohnte in einem anderen Bundesstaat, deshalb mussten wir einige Zeit warten, bis er das Auto holen konnte. Aber es kam sehr punktgenau. Wir hatten das Auto mit Hilfe unseres liebenswürdigen amerikanischen Nachbarn gerade angemeldet, als am folgenden Tag der erste Regen kam. Bis zum letzten Tag hat es uns nie im Stich gelassen, uns auf viele schöne Fahrten mitgenommen, und es ließ sich auch ganz leicht wieder verkaufen.

Ein weiteres Kampffeld war mitunter auch das Thema Computer. Wegen der großen Zahl von Studenten war das Internet ein wichtiges Kommunikationsmittel in der BSSM. Wir hatten im Häuschen keinen Internet-Zugang und so erledigten wir E-Mails und die ganze Korrespondenz mit BSSM im Foyer der Bethel-Gemeinde gleich nach dem Unterricht. Das war meistens sehr anstrengend, weil da immer sehr viel los war und wegen Englisch auch länger dauerte. Aber oft, wenn wir erschöpft über dem Laptop brüteten, kamen Leute her und beteten für uns, und der Friede Gottes kam zurück. Das war die ganz besondere Erfahrung, Familie Gottes in Aktion, das war dort einfach so.

Einmal, als ich wieder mal am Verzweifeln war, legten sich Hände auf meine Schultern und jemand betete inbrünstig für mich. Ich kannte ihn flüchtig, er hatte schon mal hier für mich gebetet. Es fühlte sich fast an, wie wenn der Papa im Himmel selbst hinter mir stünde.

Leider stürzte unser Laptop später auch noch ab und wir mussten uns bis zur Heimreise an Weihnachten mit einer Notlösung behelfen. Trotzdem kam mir dieses kleine Tischchen im Foyer mit der Zeit wie ein Ort des Sieges vor. Gott hatte mir dort in besonderer Weise gezeigt, wie tragfähig seine Familie ist.

Wie man Riesen besiegt und andere Wunder

Vielleicht sollte ich noch erwähnen, dass auch die anderen solche Begegnungen mit „Riesen" hatten. Einmal, gleich zu Beginn unserer Studienzeit, halfen wir einer amerikanischen Familie beim Umzug. Sie hatten bisher mit ihren zwei kleinen Kindern im Hotel gelebt und nun endlich eine Bleibe gefunden. Er hatte seinen gut bezahlten Job in einer Firma aufgegeben, um zusammen mit seiner Frau die BSSM besuchen zu können. Wie Gott ihnen finanziell immer wieder über die Runden half und in welchem Vertrauen sie durch das Jahr gingen, das war schon bewundernswert. Sie sind uns zu lieben Freunden geworden.

Oder unser junger italienischer Freund. Er wollte mit seiner Frau unbedingt die BSSM besuchen. Sein Abenteuer fing schon auf der amerikanischen Botschaft in Italien an. Er hatte aus welchen Gründen auch immer große Probleme, sein Visum zu bekommen. Als er schon zum wiederholten Male in die Botschaft kam und der Botschaftsangestellte gerade alle Papiere auf seinem Schreibtisch ausgebreitet hatte, blies ein Windstoß die Papiere zu Boden – die Gegenwart Gottes war deutlich spürbar. Woher der Windstoß kam, dafür gab es keine natürliche Erklärung. Als der Beamte alle Papiere wieder beieinander auf dem Schreibtisch liegen hatte, sagte er zu ihm: „Ich sehe, dass Gott hier seine Hand im Spiel hat, ich will da nicht im Weg stehen. Hier haben Sie Ihr Visum."

Wir hatten dienstags bis freitags immer von 12.45 Uhr bis 17.30 Uhr Unterricht, den Vormittag nutzten wir für Hausaufgaben. Mindestens zweimal in der Woche starteten wir mit einer Lobpreiszeit. Das war so die ganz besondere Zeit der Familie Gottes, mit Tanz und Lachen und ausgezeichneter Band. Bethel steht nun mal für geniale Lobpreismusik. Ich kann mich an keine Zeit in meinem Leben erinnern, wo ich so viele verschiedene, exzellente Bands in fortlaufender Folge gehört habe. Schon allein deswegen hätte sich dieses Jahr in Bethel voll gelohnt. Die „Jesus Culture"-Band ist natürlich am bekanntesten, aber es gab auch sonst sehr viele Musiktalente aus aller Welt in Bethel.

Manchmal ging der Lobpreis in prophetische, ermutigende Worte über oder es gab Zeugnisse der Studenten. Es war schlicht eine Ehre dabei zu sein. Auch der spannendste Film verblasste dagegen, was die Studenten da so über finanzielle und andere Wunder erzählten.

Ein Mädchen erzählte zum Beispiel, wie sie Gott versprochen hatte, beim nächsten Einsatz in Redding für Kranke zu beten. Und wer war die erste Kranke, der sie mit ihrem Team begegnete? Eine Frau im Rollstuhl, die von ihrem Ehemann geschoben wurde. Bei diesem Anblick sei sie innerlich in sich zusammengeklappt, meinte das

Mädchen. Hätte es nicht etwas Leichteres sein können? Sie nahm all ihren Mut zusammen und betete für die Frau. Und das Wunder geschah. Die Frau stand aus dem Rollstuhl auf, vor den Augen ihres entsetzten Ehemannes, der damit gar nicht umgehen konnte. So hat eben jeder seine Riesen. Aber wir Studenten waren natürlich begeistert.

Später im März/April, als die Studenten von Missionseinsätzen in aller Welt zurückkkamen, von den Philippinen, dem Kongo, Tahiti, Sibirien und ca. 40 weiteren Ländern, überschlugen sich die Zeugnisse. Man hätte das leicht über einen (christlichen) Fernsehsender laufen lassen können, Langeweile wäre da nicht aufgekommen. Das war Reich Gottes live mit viel Einsatz von menschlicher und himmlischer Seite!

Zum Thema Riesen fällt mir noch eine besonders „starke" Geschichte ein, die eine junge Amerikanerin aus unserer Revival Group erzählte. Sie war mit ihrer Schwester in einem Supermarkt in Redding einkaufen gegangen und „so richtig fröhlich mit Gott unterwegs", wie sie es nannte, als plötzlich neben ihr ein Mann in sich zusammensackte und zu Boden fiel. Umstehende Kunden beugten sich über ihn und wollten ihm helfen. Doch nach kurzer Zeit war nach einhelliger Meinung aller Beteiligten klar, dass der Mann tot war. Wir fragten sie nochmals während ihres Zeugnisses, ob er wirklich tot gewesen sei, aber es bestand daran offensichtlich keinerlei Zweifel. In diesem Moment, so erzählte sie weiter, habe sie neben Gottes Gegenwart die ganz starke Präsenz von Engeln gespürt. Sie habe ihre rechte Hand gehoben und in der Kraft Gottes und in einer Autorität, die ihr selbst neu war, für diesen Mann gebetet, genauer gesagt im Namen Jesu Leben in ihn hineingesprochen. Noch bevor der Krankenwagen kam, war der Mann schon wieder auf den Beinen. Personal und Kunden waren geschockt und liefen schnell weg. Sie selbst, von Natur aus eher etwas zurückhaltend, bedauerte, dass sie den Umstehenden nichts Näheres zu diesem Eingreifen Gottes gesagt hatte. Sie war wohl selbst überwältigt, wie schnell Gott ihr Gebet beantwortet hatte.

Dieses Bild wurde am 6.12.2008 auf einem Malseminar für prophetische Kunst
in unserer Gemeinde gemalt. Mein Mann bekam es geschenkt; die Künstlerin
wusste nicht, für wen sie es malen würde, da die Namen ausgelost wurden.
Auf der Rückseite steht: „Ein Weg, der zu einem mit Licht und Ruhe gefüllten
Haus führt." Das war unser Weg durch die Berge (Hindernisse), bis wir endlich
nach Bethel kamen, wo es aber auch Berge bzw. „Riesen" zu überwinden gab.
In unserem Häuschen/Cottage, das dem Haus auf dem Gemälde verblüffend
ähnlich sieht, fanden wir aber immer Licht und Ruhe.

04

Wenn der Himmel auf die Erde kommt ...

Wenn man diese Geschichten und Zeugnisse von Bethel so hört oder auch selbst erlebt, fragt man sich natürlich nach den Bedingungen, unter denen sie geschehen. Gibt es begünstigende Faktoren oder hat Bethel einfach nur ein besonders glückliches Händchen? Diese Frage beschäftigte mich vor allem am Anfang sehr, und ich möchte in diesem Kapitel versuchen, die Antworten, die Bethel selbst darauf gibt, ein wenig zusammenzutragen.

Wenn wir zu Hause in unserer Gemeinde gelegentlich die Berichte von Gemeinden in armen Ländern hörten, dann erlebten diese Menschen Zeichen und Wunder oft, weil sie in existenziellen Notsituationen waren. Sie verließen sich darin ganz auf Jesus und was er uns in seinem Wort versprochen hat. Dieses kindliche Vertrauen in Jesus beeindruckte mich immer tief. Es ist ein riesiger Schlüssel, die Herrlichkeit des Himmels auf die Erde zu holen, sodass Gott uns sein Herz offenbaren kann. Bill Johnson hat das sehr treffend ausgedrückt: „Im Himmel gibt es keine Tumore, und der Glaube holt diese Realität zu uns herunter."[1] Deshalb hat uns Jesus gelehrt, zu beten, dass sein Reich komme und sein Wille geschehe „wie im Himmel so auch auf Erden" (vgl. Mt 6,10). Der Himmel ist der Ort, wo Gottes Wille uneingeschränkt geschieht. Deshalb ist der Himmel ja so herrlich, ein Ort der Vollkommenheit und des Friedens.

Unser erneuertes Denken – das Tor zum Himmel

Auf dem Weg vom Himmel zur Erde muss diese Herrlichkeit aber zuerst durch unser Denken hindurch. Eine Erkenntnis, mit der wir gerade in Bethel immer wieder konfrontiert waren. Unser Denken

---

[1] Bill Johnson, *Und der Himmel bricht herein,* Grain Press 2007, S. 51.

wirkt da oft wie ein Filter, weil es häufig, auch nach vielen Jahren des Christseins, noch nicht gefüllt ist mit der vollen Wahrheit von der Herrlichkeit und Güte Gottes und wer wir in ihm sind. „Unser Ziel", so meint Bill Johnson, „ist es also, in ununterbrochener Übereinstimmung mit dem Himmel zu sein und unseren Verstand das Tor des Himmels sein zu lassen ..."[2]

Für diese Erneuerung unseres Sinnes, unseres Denkens (vgl. Röm 12,2) braucht es manchmal auch ganz schön Mut. Denn im Zentrum unseres Denkens geht es immer um die Festlegung unserer Identität. Wie sehe oder empfinde ich mich selbst? Kann ich Neues an mich heranlassen? Was macht das mit mir? Kann ich mich auf neue Lehren im Sinne von neuen Offenbarungen über das Reich Gottes einlassen? „Es ist absolut unmöglich, das normale Christenleben zu leben, ohne dass man regelmäßig Offenbarung von Gott empfängt ... Du wirst es wissen, wenn er spricht, denn es bringt eine Frische mit sich. Es wird immer besser sein als irgendetwas, was du dir selbst ausgedacht haben könntest ... seine Gedanken werden dich so überwältigen, dass du ihm näherkommen willst, um sie ausführen zu können."[3]

Genau diese Erneuerung unseres Denkens, wenn wir frei werden von Lügen über Gott, macht uns so richtig lebendig und fröhlich und empfänglich für Wunder. Die Prediger und Autoren von Bethel scheinen mit einem ganz besonderen Mut zur Veränderung, zum Umdenken und Neudenken beschenkt zu sein. Ich glaube, das liegt nicht nur an Bethel. Das ergibt sich ganz von alleine, wenn wir leidenschaftlich den Geheimnissen des Reiches Gottes auf der Spur sind. Das können wir weltweit beobachten.

Eine der Lehren, die sich mir tief eingeprägt haben, ist, zu erkennen, wonach wir uns definieren: Definieren wir uns nach unserer Schwäche oder nach der Stärke und Herrlichkeit von Jesus? Sünder oder Heilige – das ist hier die Frage! In vielen Briefen des Neuen Testaments werden die Gläubigen mit „Heilige" angeredet (vgl. z. B. Eph 1,1 oder Kol 1,2). Das ist die neue Identität der Kinder Gottes, was nicht heißt, dass sie nicht mehr fähig wären zu sündigen. Aber sie definieren sich nicht mehr nach ihren – möglichen – Taten, son-

---

[2] Bill Johnson, *Neues Denken – neue Vollmacht*, Grain Press 2007, S. 62.
[3] Ibid. S. 68, 70 und 71.

dern nach dem, was sie sind, nämlich Gottes heiß geliebte Kinder und damit per Definition Heilige und mit entsprechender Autorität ausgestattet. *„Wiedergeboren nicht aus vergänglichem, sondern aus unvergänglichem Samen"* steht in 1. Petrus 1,23. Dieses Wort spricht über die geistliche DNS oder Erbsubstanz, die jeder Gläubige bei seiner Wiedergeburt empfängt und die ihn als Heiligen ausweist. Wenn jemand aus einer „Sünden-Vermeidungs-Strategie" heraus lebt, so denke ich mir, verhält er sich wie ein Autofahrer, der von der Fahrbahn abgekommen ist und unter allen Umständen vermeiden möchte, auf den Baum am Straßenrand zu fahren. Wie Verkehrspsychologen bestätigen, fahren die meisten erst recht auf diesen Baum, weil sie ihn fixiert haben. Viel sicherer ist es, nicht den Baum, sondern das freie Land anzupeilen.

„Sünder" drehen sich um sich selbst, sind damit beschäftigt, sich selbst zu beobachten, ihren „geistlichen Puls" zu fühlen. Das Ganze nennt man auch Stolz, wenngleich in versteckter Form. Das Bewerten der Vergangenheit bringt sie oft unter Verdammnis. Doch, um es in den Worten Bill Johnsons zu sagen, „in Wirklichkeit existiert meine sündige Vergangenheit nicht mehr. Das Lamm Gottes erlöste sie mit einer Bezahlung in Blut und hat so für immer meine Sünden aus den Aufzeichnungen des Himmels gelöscht ... Die Kraft der Sünde, uns zu zerstören, ist selbst durch eine höhere Realität zerstört worden: durch Vergebung. Der Teufel zeichnet unsere Vergangenheit auf. Doch diese Aufzeichnungen sind machtlos ohne unsere Zustimmung. Er ist der Verkläger der Brüder, doch Jesus ist unser Verteidiger. Wir stimmen jedes Mal unserem Verkläger zu, wenn wir losgelöst von Jesu Blut auf unsere Vergangenheit blicken."[4]

Auch Demut wird in diesem Zusammenhang oft falsch verstanden: „Religion reibt uns die Vergangenheit unter die Nase, um uns demütig zu halten. Doch es ist eine Perversion, ständig auf die Sündhaftigkeit unserer Vergangenheit zu blicken, um demütig zu sein. Im Grunde ruft sie Scham hervor, und Scham ist ein verfälschtes Abbild von Demut ... In Wirklichkeit ist es viel demütiger, in der Freiheit einer unverdienten Vergebung zu leben. Wenn uns vergeben worden ist, gibt der König uns die Erlaubnis so zu leben, als hätten

---

[4] Kris Vallotton / Bill Johnson, *Eine Frage der Ehre,* Wohlkunde Verlag 2008, S. 49.

wir nie gesündigt."[5] Das war die Botschaft eines Apostels, die auch uns Studenten mehr und mehr in eine gewaltige innere Freiheit hineinführte. Ich sehe Bill heute noch, wie er oft, nach so einer Offenbarung vorne am Rednerpult stehend, lächelnd in die Runde blickte und einfach eine Weile schwieg. Es war die Zeit, die wir brauchten, um diese erstaunlichen Erkenntnisse in uns aufzunehmen.

Das führt uns zur nächsten großen Wahrheit, die Bill Johnson uns verdeutlichte. Wenn wir das Wort von Jesus, uns selbst zu verleugnen und sein Kreuz auf uns zu nehmen, um ihm nachzufolgen (vgl. Mt 16,24) falsch betonen, bleiben wir bei der Selbstverleugnung stehen. Und brechen nicht in die Kraft der Auferstehung durch, die ja das eigentliche Ziel ist. Um es mit Bill Johnsons eigenen Worten zu sagen: „Das vergossene Blut des unbescholtenen Lammes entfernte die Sünde und ihre Kraft aus unserem Leben. OHNE DAS KREUZ BESITZEN WIR NICHTS! Aber das Kreuz ist nicht das Ende – es ist der Anfang, der Eingang zum Christenleben. Selbst für Jesus war es etwas, was erduldet werden musste, um an die vor ihm liegende Freude zu kommen (vgl. Hebr 12,2) ... Nehmen wir einmal an, mir sei eine finanzielle Schuld erlassen worden. Man könnte sagen, ich bin aus den roten Zahlen. Doch nachdem meine Schuld erlassen ist, schreibe ich immer noch keine schwarzen Zahlen. Ich besitze nichts, solange mir derjenige, der mir meine Schuld erlassen hat, nicht auch Geld gibt, welches ich mein Eigen nennen kann. Genau das hat Christus für dich und mich getan. Sein Blut löschte die Schuld meiner Sünde, aber erst seine Auferstehung *brachte mich in die Habenzone* (vgl. Joh 10,10)"[6]. Die „Habenzone" ist das Erbe der Kinder Gottes, das Leben Jesu. Darin bewegen sie sich, das ist die Fülle des Reiches Gottes (vgl. Mt 10,1 und 8), der Segen des Himmels (vgl. Eph 1,3), der neue Lebensstil.

Des Vaters Herzenswunsch ging in Erfüllung, als Jesus auferstand und er daraufhin den Heiligen Geist über alles Fleisch ausgießen konnte (vgl. Apg 2,17), um fortan in den Herzen derer zu leben, die ihm ganz nahe sein wollten. In Kolosser 1,27-28 steht: *„Das Geheimnis, das verborgen war seit ewigen Zeiten und Geschlechtern, nun aber ist es offenbart seinen Heiligen, denen Gott kundtun woll-*

---

[5] Ibid., S. 50.
[6] Bill Johnson, *Neues Denken – neue Vollmacht*, Grain Press 2007, S. 164.

te, was der herrliche Reichtum dieses Geheimnisses unter den Heiden ist, nämlich Christus in euch, die Hoffnung der Herrlichkeit." Gott offenbart dieses Geheimnis seinen *Heiligen,* steht da. Wenn wir dieses Geheimnis begreifen wollen, müssen wir in dieser Identität leben, „seine Heiligen" zu sein. Das ist eine lebenslange und spannende Reise. Was mich betrifft, kann ich nur sagen, dass mir die Lehren von Bethel in Predigten und Büchern sehr auf „meiner Reise" geholfen haben. Wenn wir unsere Identität im oben beschriebenen Sinne be- und ergriffen haben und darin leben, erschließt sich uns dieses Königreich Gottes nochmals in einer viel umfassenderen und tieferen Weise. Zeichen und Wunder sind dann gleichsam die „logische" Folge dieses sich ausdehnenden Reiches Gottes und weisen auf die Herrlichkeit Gottes hin.

Vom Bettler zum Prinzen

Ein praktisches Beispiel für die eben zitierten Ausführungen Bill Johnsons ist Kris Vallotton, der uns mit großer Offenheit teilhaben ließ an seiner (Identitäts-)Reise vom „Bettler zum Prinzen".

Gott selbst hatte ihm diese „Bettler-Problematik" in seinem eigenen Leben aufgedeckt. Oft halten sich „Bettler" aufgrund ihrer negativen Lebensgeschichte für bedeutungslos und ohne Wert. Sie leben in einer Armutsmentalität und sind der Meinung, dass es für sie nie reichen wird. Gott sagte zu ihm ausgehend von Sprüche 30,21 und 22 *(„Ein Land ... kann es nicht ertragen: einen Knecht, wenn er König wird"):* „Darum ist ein Bettler, wenn er später ein König wurde, dann zwar für die Welt um ihn herum von Bedeutung, doch er selbst fühlt sich noch immer bedeutungslos, trotz der Königsherrschaft, die sich nun in ihm befindet. Folglich achtet er nicht auf seine Worte oder auf die Art, wie er sich benimmt, und so zerstört er letztlich genau die Leute, die er führen sollte."[7]

Man ahnt es schon, es geht um das alte Problem, geringer von sich zu denken, als Gott es tut. Solange wir Gottes wunderbare Gedanken über uns nicht zu unseren eigenen machen, können wir nicht wirklich Prinzen und Prinzessinnen in seinem Palast sein und

---

[7] Ibid., S. 17.

Einfluss nehmen, indem wir auf Jesu Art herrschen. Und die Auswirkungen auf unsere Umgebung sind entsprechend verhängnisvoll.

Gott ließ ihn damals wissen: Das, was er als ein Leiter in seiner Heimatgemeinde Weaverville/Nordkalifornien in der folgenden Zeit lernen werde, werde zu seiner Umwandlung dienen und gleichzeitig eine Vorbereitung für einen späteren prophetischen Dienst sein. Als er dann ein paar Jahre später die BSSM in Bethel/Redding startete, erinnerte ihn der Herr nochmals daran: „Ich möchte, dass du den Studenten beibringst, wie man sich als Regent im Königreich benimmt. Sie sind zu etwas Königlichem berufen, um Einfluss zu nehmen, um zu herrschen und zu regieren. Ich möchte euch zu Pionieren machen, zu einem Volk, das Einfluss hat."[8] Als er einmal von uns Studenten gefragt wurde, wie er am liebsten angeredet werden würde, Kris (in Amerika wird man ja meist mit dem Vornamen angeredet) oder Pastor Kris oder wie sonst, antwortete er schmunzelnd: His Majesty! (Seine Majestät!) Der ganze Saal brüllte vor Lachen und jeder wusste, wie's gemeint war.

Sein Humor war eine geniale Zutat seiner Lehren, ich genoss das immer in vollen Zügen. Ich glaube, dass Humor immer noch eine vernachlässigte Größe in Gottes Reich ist, etwas, das wie Öl oder Balsam im Getriebe der Beziehungen wirkt. Vermutlich wird Humor auch bei den Gaben des Geistes aufgezählt (Gal 5,22), man müsste da mal nachforschen, was „Freundlichkeit" und „Freude" im Griechischen alles bedeutet. In Sachen Humor muss ich selbst auch noch einiges lernen, mein Mann ist da schon etwas weiter. Halten wir fest: Kris selbst ist ein geniales Beispiel dafür, wie Menschen trotz tragischer und traumatischer Lebensumstände am Herzen des himmlischen Vaters vom „Bettler" zum fröhlichen „Prinzen" umgestaltet werden können.

Da dieser „königliche Lebensstil" – als Gottes Königskind – ein wichtiges Thema in Bethel ist und eine große Rolle beim Thema Erweckung spielt, möchte ich im nächsten Kapitel etwas ausführlicher darauf eingehen.

---

[8] Ibid., S. 19.

05

Gottes Königreich – eine Kultur der Ehre

Was heißt das nun, einen königlichen Lebensstil einzuüben? Das Königreich Gottes ist eine „Kultur der Ehre", eine Kultur der gegenseitigen Wertschätzung und Ermutigung. So erklärt es Danny Silk, einer der Hauptleiter der Bethel-Gemeinde, in seinem gleichnamigen Buch, und so wird es auch in Bethel gelebt. Es ist ihre geistliche DNS, sie leben das bereits seit Jahren. Das Erfrischende und Ermutigende an seinem Buch ist: Er beschreibt nicht theoretisch einen „Soll"-Zustand, sondern erklärt und berichtet, was in Bethel bereits zum Lebensstil geworden ist.

Worum geht's also? Das Ziel im Königreich Gottes ist es, die Schätze zu erkennen, die Gott in den anderen und natürlich auch in mich selbst hineingelegt hat. Danny Silk schreibt in der Einführung zu seinem Buch: „Das Prinzip der Ehre besagt: Wenn wir Menschen exakt als die würdigen, die sie sind, versetzt uns das in die Lage, dass wir ihnen zuteil werden lassen, was ihnen zusteht. Gleichzeitig können wir das als Geschenk empfangen, wer sie für uns im Leben sind. Ehre baut Leben spendende und Leben fördernde Beziehungen ... In einer Kultur der Ehre leiten die Leiter mit Ehre, indem sie Menschen mutig gemäß der Berufung behandeln, die Gott ihnen gibt, und nicht nach der Pseudo-Identität, die sie von anderen Menschen aufgeprägt bekommen. Leiter behandeln sie als freie Söhne, nicht als Sklaven; als Gerechte und nicht als Sünder; als Wohlhabende und nicht als Arme."[1] Ein großes Wort. Menschen, die sich in einer Kultur der Ehre bewegen, verhalten sich wie richtig wohlhabende Leute. Sie geben aus dem Überfluss, den Gott ihnen gegeben hat. „Wie die meisten Dinge im Leben eines Christen, ist auch Ehre keine Idee, sondern eine gelebte Praxis, eine Praxis des Gebens. Gläubige mit dieser Haltung werden nicht ‚zufällig Gutes tun', sie haben sich

---

[1] Danny Silk, *Kultur der Ehre*, Grain Press 2011, S. 26–27.

zutiefst für einen segnenden Lebensstil entschieden. Jedes Mal, wenn sie einem Menschen begegnen, ist dies eine würdige Gelegenheit und der richtige Moment, Ehre zu erweisen."[2]

Viel Raum nimmt in seinem Buch die Frage nach der Zurechtbringung von Menschen ein, die „gefehlt" haben. Und das ist mit Sicherheit einer der herausfordernden Teile seiner Lehre, nicht nur im Verstehen, sondern auch im alltäglichen Umsetzen. Gerade in einer Kultur der Ehre, die den anderen nicht kontrolliert, sondern ihm seine Freiheit lässt, brauchen wir eine gute Kultur der Konfrontation und Zurechtbringung. „Wenn wir unsere Gemeinden in der Erweckung führen und eine Wohnung für die Gegenwart der Liebe schaffen, dann müssen wir im Umgang miteinander die Bestrafungsoption und den Wunsch nach Kontrolle bei Verfehlungen abschaffen. Wenn wir angesichts der Sünde mit Angst und Kontrolle reagieren, machen wir uns lächerlich."[3] Das leuchtet ein, denn die Bibel sagt uns eindeutig: „Die Strafe liegt auf ihm, auf dass wir Frieden hätten" (Jes 53,5).

Er erklärt das dann genauer: „Wenn wir wieder die Regeln und Gesetze des Alten Bundes befolgen, dann gestatten wir, dass man uns als solche definiert, für die dieser Bund geschaffen wurde, nämlich als Sünder. Wenn wir uns als Sünder definieren, müssen wir, per Definition, verurteilt und bestraft werden. Wenn wir unsere Beziehung mit Hilfe des Gesetzes beschützen wollen, kann das Resultat nichts anderes als Strafe sein."[4] Er geht dann schließlich der Sache auf den Grund: „Das Problem ist, dass Jesus uns gar keine Beziehung zu einem Regelwerk, sondern eine Beziehung mit dem Geist geschenkt hat: eine Herzensbeziehung, die Liebe lebt. In Römer 7 spricht Paulus über zwei Gesetze – das Gesetz der Sünde und das Gesetz des Lebens in Christus – und er stellt klar, dass das Gesetz des Geistes und des Lebens in Christus uns vom Gesetz der Sünde und des Todes, vom Gesetz der Beziehung zu Regeln, befreit hat. So leben aber die meisten Leute ihre Beziehung gar nicht. Sie haben ein Verhältnis zu Regeln aufgebaut und ihr Antrieb ist nicht Liebe,

---

[2] Ibid., S. 157.
[3] Ibid., S. 88.
[4] Ibid., S. 90.

sondern die Angst vor Strafe."[5] Das wirkt sich im Falle einer Zu-
rechtweisung oder Konfrontation natürlich verheerend aus. Der
andere „riecht" schon von weitem, dass es gar nicht um ihn selbst,
sondern um die gebrochenen Regeln geht und flüchtet innerlich.

Wie kann also ein Leiter einen Menschen im Umfeld einer Kultur
der Ehre, die gleichzeitig eine Kultur der Gnade ist, wieder zurecht-
bringen? Er sollte ihm helfen, sein tatsächliches Problem zu identifizieren, ohne ihn gleichzeitig zu verurteilen, zu manipulieren oder
noch schlimmer, ihn bestrafen zu wollen. Ganz wichtig ist es auch,
einen „sicheren Ort" zu schaffen, wo der Betreffende zur Ruhe
kommen kann und weiß, dass er „ein heiß geliebtes Kind des
Lichts"[6] ist. Nicht zuletzt verlangt das auch Selbstdisziplin von Seiten
des Leiters, also weder zornig noch ängstlich zu werden.

Danny Silk nimmt uns mit hinein in einige richtig Mut machende
Beispiele, wie er selbst Menschen im Gespräch durch die richtigen
Fragen anleitete, „das Problem hinter dem Problem" zu erkennen.
So konnten sie von innen heraus zu einer echten Buße finden.
Eigentlich sollte man sagen: Im Verlauf des Gesprächs fanden sie
erst heraus, worüber sie Buße tun sollten, wovon sie umkehren soll-
ten, weil sie vorher um das tiefere Problem einer Verletzung oder
Fehlprägung in ihrem Leben oft gar nicht wussten.

Konfrontation bedeutet bei ihm, Menschen durchaus die schlimmen Folgen ihres Fehlverhaltens aufzuzeigen und dadurch einen
gewissen „inneren Druck" aufzubauen, aber eben in Sanftmut.[7] Auf
diese Art werden Menschen in der Gemeinde in die Selbstverantwort-
lichkeit für ihr eigenes Leben geführt: Der andere hilft mir beim Lö-
sen meines Problems und stülpt mir nicht seine Lösung über.

Danny Silk ist nicht umsonst der Leiter des *Transformation Center* (Transformationszentrum, ein Zentrum für innere Heilung und
Erneuerung). Er hat eine wunderbare Gabe, als Pastor und Seelsorger, Menschen in die befreiende Wahrheit über sich selbst hineinzu-
führen und auch andere darin auszubilden und zu lehren. Denn nur
wer die befreiende Wahrheit über sich selbst erfahren hat und die
Scham los wurde, kann sich selbst und damit auch andere ehren.

---

[5] Ibid., S. 91.
[6] Ibid., S. 114.
[7] Ibid., S. 187 und 196.

Seine Leitlinien sind, einen sicheren Ort zu schaffen, geprägt vom Schalom (Frieden) Gottes, wo der andere sich geliebt weiß und sich gleichzeitig frei fühlen kann. Wenn er auf der Bühne stand, hat er all das ausgestrahlt, er war ein sehr beliebter Redner bei uns Studenten.

Die himmlische Architektur: Wie ein Trichter vom Himmel

Das Bild einer Gemeinde in Erweckung, wie wir es in Bethel sehen können, rundet sich so langsam, wenn wir auf der Suche nach begünstigenden Faktoren für Erweckung zum nächsten, sehr zentralen Punkt kommen. In welcher Beziehung stehen die Leiter und Dienste zueinander? Sucht sich da jeder seinen Platz aus oder gibt es da eine innere himmlische Architektur für dieses „Bauwerk"? Und wie wirkt sich diese „Kultur der Ehre" auf die Gemeindestruktur aus? Wir wissen, dass die Gemeinde erbaut ist *„auf den Grund der Apostel und Propheten, da Jesus Christus der Eckstein ist"* (Eph 1,20) und kennen das Wort vom fünffältigen Dienst in Epheser 4,11, dem Dienst von Aposteln, Propheten, Evangelisten, Hirten und Lehrern.

Danny Silk beschreibt nun in seinem Buch diesen fünffältigen Dienst als „einen Trichter vom Himmel".[8] Um diesen „Trichter" richtig zu verstehen, verweist er zunächst auf die herausgehobene Stellung der Apostel und Propheten, nachzulesen in der oben erwähnten Stelle in Epheser 4,11 und in 1. Korinther 12,27-28: *„Ihr aber seid Christi Leib und, einzeln genommen, Glieder. Und die einen hat Gott in der Gemeinde eingesetzt erstens als Apostel, zweitens andere als Propheten, drittens als Lehrer, sodann Wunderkräfte, sodann Gnadengaben der Heilungen, Hilfeleistungen, Arten von Sprachen."* Danny Silk erläutert diese Bibelstelle folgendermaßen: „Paulus legt hier ganz klar eine Reihenfolge fest, die sich auf den Grad des Übernatürlichen im einzelnen Amt bezieht. In dem eben geschilderten Szenario trat ganz deutlich zutage, dass die Salbung des Apostels und Propheten eine Perspektive schafft mit dem Ziel, das, was im Himmel passiert, auf die Erde zu bringen. Der Lehrer möchte das, was passiert ist, akkurat beschreiben, während der Evangelist und der Pastor in erster Linie den Menschen sieht."[9]

---

[8] Ibid., S. 88.
[9] Ibid., S. 59.

Das heißt, die himmlische Perspektive steht an erster Stelle und beeinflusst die menschliche. Oder anders ausgedrückt: Das „Verbindungsrohr" zum Himmel ist durch die übernatürliche Salbung der Apostel und Propheten nach oben erweitert, eben wie ein Trichter, und kann so „mehr Himmel" auffangen.

Er fährt fort: „Wenn Paulus zuerst die Apostel, zweitens die Propheten und drittens die Lehrer nennt, dann beschreibt er eine Fließrichtung. Der Fluss strömt durch den Lehrer, es werden Zeichen und Wunder freigesetzt, und es geht weiter mit Hilfeleistungen, Verwaltung und alle Arten von Sprachen. Leider muss man sagen, dass die Praxis von Lehre, Hilfeleistungen und Verwaltung in vielen Gemeinden völlig ohne das Übernatürliche funktioniert. Es sieht fast so aus, als hätte man diese Dienste aus der Liste herausgepickt und von dem übernatürlichen Fluss himmlischer Versorgung abgeschnitten."[10] Er zeigt dann auch die Gründe dafür auf: „Es ist mir bewusst, dass es in unserer Kultur schwer ist, dieses Verständnis von Leiterschaft in der klaren Prioritätenfolge bei den verschiedenen Diensten zu begreifen und anzunehmen. Wir leben in einem System westlicher Demokratie, in dem jeder Arbeitszweig dem anderen Rechenschaft gibt und verantwortlich ist, und niemand, kein Gesetzgeber, kein Richter und kein Präsident in der Lage ist, die ganze Kontrolle der Regierung zu übernehmen. Ich verstehe das und kann es aus weltlicher Sicht auch akzeptieren. Trotzdem steht in der Schrift: ‚erstens die Apostel, zweitens die Propheten, drittens die Lehrer ...' Ich denke, ein Großteil der Gemeinde hat diese Schriftstelle ignoriert und versucht, das weltliche Modell von Leiterschaft auf das himmlische zu übertragen. Aber nur himmlische Modelle können den Himmel auf die Erde bringen."[11]

Was in Bethel erfolgreich geschieht: Man kann dort live studieren, wie so was aussieht, und das hat mich immer wieder aufs Neue begeistert. Der Dienst der Pastoren, Lehrer und Verwalter, die in vielen Gemeinden die Hauptleitung darstellen, kommt dort durch die Leitung des Apostels und des Propheten unter eine neue übernatürliche Salbung.

---

[10] Ibid., S. 59/60.
[11] Ibid., S. 61.

Danny Silk selbst ist das beste Beispiel dafür. Der apostolische Dienst von Bill Johnson trug sehr zur Entfaltung seiner eigenen pastoralen Gabe bei, wie er ausführlich in seinem Buch beschreibt.[12] Der prophetische Dienst von Kris Vallotton war aber genauso maßgeblich daran beteiligt. Sein vollmächtiges prophetisches Wort wurde für Danny Silk zur „Waffe, mit der ich meine Ängste und Unzulänglichkeit bekämpfte".[13] Die traten auf, als Bill Johnson nach Bethel ging und Danny Silk seine bisherige Stelle als Pastor in Weaverville anbot.

Spannend ist in diesem Zusammenhang zu sehen, wie also beide, der Apostel (Bill Johnson) und der Prophet (Kris Vallotton), unter Gottes Führung zusammenarbeiteten, um einen weiteren Dienst hervorzubringen: den des Pastors (Danny Silk), mit dem nun ihre Bethel-Gemeinde so reich gesegnet ist. Eine kleine Randbemerkung: Alle drei Männer Gottes kommen ursprünglich aus dieser Mountain Chapel Gemeinde in Weaverville. Wie man uns im Goldmuseum in besagtem Weaverville versicherte, einem kleinen Bergdorf in den Trinity Alps an der Straße von Redding zum Pazifik gelegen, wurde das erste kalifornische Gold dort in den umliegenden Bergen gefunden, lange vor den Funden bei Sacramento.

Welches Gold auch immer zuerst da war, Gottes Gold, seine Herrlichkeit jedenfalls leuchtet in Bethel unübersehbar durch die Zeichen und Wunder. Sie geschehen nicht zuletzt deshalb dort, weil himmlische Ordnungen gelebt werden.

Im Übrigen braucht der Apostel genauso die Ergänzung der anderen Dienste. Sonst kann die Gemeinde in anderer Weise aus der Balance kommen, z. B. „durch einen unangenehmen Fokus auf das Übernatürliche und eine offensichtliche Vernachlässigung menschlicher Bedürfnisse".[14]

Nochmals zurück zum Lehrer, der zur Zeit offensichtlich als der Dienst mit der höchsten Salbung in der Gemeinde eingestuft wird. Danny Silk stellt fest: „In Wahrheit beinhaltet dieser Dienst aber nicht die höchste, sondern lediglich die dritte Stufe der Salbung. In Schulnoten gesprochen ist es eine Drei – keine Eins –, und diese

---

[12] Ibid., S. 50–56.
[13] Ibid., S. 54.
[14] Ibid., S. 68.

Salbung hält die Gemeinde auf einem Durchschnittsmaß an Effektivität und Einfluss."[15] Lehrer haben deshalb so Hochkonjunktur, weil in der Gemeinde ein großes Bedürfnis nach Sicherheit und logischer Begründung besteht, der menschliche Verstand steht im Vordergrund. Danny Silk erklärt das so: „Um unseren Glauben zu verteidigen, meinen wir, alles logisch begründen zu müssen. Tatsache ist aber, dass dieses große Bedürfnis nach Sicherheit aus einer ganz großen Unsicherheit kommt. Wenn sich der Himmel in der Gemeinde nicht mehr offenbart, dann müssen die Christen irgendwie beweisen, dass es aber doch vernünftig ist, Jesus nachzufolgen. Wenn die Kraft des Evangeliums ersetzt wird durch Argumente, dann sollten wir aufmerksam werden. Wenn jedoch Menschen von Krebs, Lähmungen, Tumoren und seelischen Krankheiten geheilt und befreit werden, dann brauchen wir keine Argumente mehr. Wenn ein Mensch eine Berührung mit dem Himmel hat, ist dies Beweis genug dafür, dass Jesus wirklich der ist, der er behauptet zu sein."[16] Um aus diesem Dilemma herauszukommen und um in einer Erweckung zu bleiben, „braucht sie Lehrer, die das Übernatürliche festhalten können"[17], unterstützt von einer apostolischen und prophetischen Kultur.

Für die Pastoren, die Hirten der Gemeinde, sieht es ähnlich aus: „Wenn die Pastoren nicht mit den Aposteln und Propheten in Verbindung stehen, werden die Menschen unter ihrer Leitung wieder auf sich selbst fixiert sein und der Pastor wird ihnen eine natürliche Alternative anstatt eines übernatürlichen Lebens bieten müssen."[18] Worin besteht der Ausweg? „Pastoren, die lernen, einen zweifachen Fokus zu bewahren, nämlich auf den Himmel und auf die Menschen ausgerichtet zu leben, können es schaffen, die Erweckungskultur in den Alltag der Christen zu transportieren." Wenn ihr Dienst unter der apostolischen Leitung wächst, „können andere Pastoren sich an ihrer Seite entwickeln und stellen dann keine Konkurrenz und Bedrohung dar. Pastoren können in einer apostolischen Salbung viel mehr Menschen leiten, weil diese nicht mehr die starke Gegenwart

---

[15] Ibid., S. 71.
[16] Ibid., S. 72.
[17] Ibid., S. 75.
[18] Ibid., S. 76.

des Pastors benötigen."[19] Klingt echt gut und wird in Bethel so umgesetzt. Das ist ja das Beeindruckende: Danny Silk beschreibt und entwirft nicht ein theoretisches Gemeindebild, sondern sein Hintergrund ist eine Gemeinde, die schon unter Beweis gestellt hat, dass die vorgestellten Prinzipien funktionieren. Deshalb sind seine Ausführungen auch so überzeugend.

Um schließlich zu den Evangelisten zu kommen: Selbstredend, dass sich Evangelisten in einer Gemeinde wohlfühlen, in der Zeichen und Wunder Konjunktur haben und dadurch auf Jesus hinweisen. Kevin Dedmon und seine bekannte prophetische Schatzsuche *(treasure hunt)*, die dem Glauben fernstehenden Menschen hilft, mit ihrem Schöpfer in Kontakt zu kommen, ist wunderbar eingebettet in diese apostolische Kultur. Schatzsuche bedeutet in diesem Zusammenhang: der Schatz, das sind die Menschen und ihre göttliche Bestimmung, die sich die Teams vor ihrem evangelistischen Einsatz von Gott zeigen lassen.

Wo ich gerade Kevin Dedmon erwähne, der so spannend über Gottes Reich erzählen und lehren konnte, kommt mir mal wieder in den Sinn, wie viele unglaublich gute und sehr begabte Leute zu Bethel gehören. Das allein schon spricht Bände über diese natürlich-übernatürliche apostolisch-prophetische Kultur Bethels, wenn man das einmal so nennen darf.

Danny Silk kommt zu dem Schluss: „Ehre und Wertschätzung ist das, was all diese Bausteine zusammenhält. Dieser Trichter besteht im Grunde aus einem Netzwerk von Beziehungen. In diesen Beziehungen wird der ‚Fluss' nur dann am Laufen gehalten, wenn wir lernen, diese von Gott geschenkten Aufgaben und Salbungen zu erkennen, Menschen darin freizusetzen und zu empfangen, was sie uns zu geben haben ... Das Modell der fünffachen Leiterschaft ist ganz offensichtlich ein Team-Modell. Das Modell der Allein-Unterhalter-Gemeindeleitung gehört genauso wenig zum Plan wie die Bürokratie-, die Gleichmacher- oder die ‚Jeder-kann-alles'-Variante. Bei dem Projekt, den Himmel auf die Erde zu bringen, trägt jede der unterschiedlichen Salbungen etwas ganz Einzigartiges zum Gelingen bei. Und das benötigt eine wertschätzende

---

[19] Ibid., S. 77.

(und undemokratische) Einstellung, die sagt: Du hast etwas, was ich nicht habe, und ich brauche es von dir."[20]

Diese Weisheit kommt so einfach daher und hat es doch in sich. Wie viel Konkurrenzdenken und Machtgebaren auch und gerade in unseren Gemeinden würde wegfallen, wenn wir diese Weisheit einfach ausleben würden.

Diese Kultur der Ehre, der Wertschätzung und Ermutigung kam natürlich auch bei den Menschen in der Stadt sehr gut an. Davon berichten die „ganz alltäglichen" Geschichten im nächsten Kapitel.

---

[20] Ibid., S. 79/80.

06

Unterwegs in den Straßen Reddings: Begegnungen mit den „Schätzen" Gottes

Wie bereits erwähnt, waren wir als Bethel-Studenten immer wieder mit Teams in der Stadt unterwegs, um Menschen mit Gott in Berührung zu bringen, sie zu ermutigen und für sie zu beten. In Bethel nennt man das wie gesagt *treasure hunt* (Schatzsuche). Kevin Dedmon beschreibt das sehr detailliert und ermutigend in seinem Buch „Schatzsuche im Erntefeld"[1]. Oft geschehen dabei auch innere oder äußere Heilungen.

Mit den Schätzen sind die Menschen gemeint, die Gott noch nicht persönlich kennen. Es sind die „Schätze", nach denen Gott sich sehnt und die er durch seine Kinder „aufspüren" will. Wenn vor dem Einsatz auf der Straße für die Schatzsuche gebetet wird, offenbart Gott oft prophetisch in Bildern, wo und wie die „Schätze" zu finden sind. (Beispiel: Frau im roten Pullover, sitzt auf einer Parkbank, hat Schmerzen im Knie, Gott möchte sie heilen und ihr dadurch seine Liebe zeigen.) Oft sind die „gefundenen" Menschen sehr berührt, wenn sie erkennen, dass Gott die Schatzsucher durch übernatürliche Hinweise zu ihnen geführt hat.

Unabhängig von diesen Einsätzen ergab es sich aber immer mal wieder, dass mich Gott gezielt mit seinen „Schätzen" – Menschen auf der Straße – zusammenbrachte, wenn ich allein, einfach so in der Stadt unterwegs war. Es waren die ganz praktischen, persönlichen „Lehrzeiten" mit meinem himmlischen Vater. Im Lauf der Zeit hörte ich auch von anderen Studenten, dass sie Ähnliches mit Gott in der Stadt erlebten.

---

[1] Kevin Dedmon, *Schatzsuche im Erntefeld,* Verlag Gottfried Bernard, 2008.

Carol

Besonders in den ersten Wochen fragten wir uns immer wieder, wo die vielen *homeless people* (Obdachlose) in Redding und teilweise auch im übrigen Kalifornien herkamen. Nun, zum einen hatte die Stadt eine hohe Arbeitslosenrate. Dies hing zweifellos mit der allgemeinen Rezession in den USA zusammen. Das war besonders tragisch, war doch Kalifornien einmal mit der reichste Bundesstaat Amerikas gewesen.

Zum anderen wurde Redding früher *poverty flat* (Armutsgebiet) genannt. Vielleicht hatte Gott sich gerade deshalb die Stadt für sein „Haus Gottes" (= Bethel) ausgesucht.

Es war noch ganz zu Beginn unserer Zeit in Redding, als ich mal wieder mit dem Rad in der Stadt unterwegs war. Dieses Mal war es die *Dana Street,* eine der Hauptgeschäftsstraßen Reddings, wo viele der großen Einkaufsmärkte lagen. Ich wollte gerne noch ein bisschen zur *Sundial Bridge* („Sonnenuhrbrücke") fahren, dem berühmten Wahrzeichen Reddings, von einem spanischen Architekten entworfen. Die *Sundial Bridge* ist eine Fußgängerbrücke in Form einer riesigen modernen Sonnenuhr und führt über den legendären *Sacramento River.* Von dort kann man sehr schön auf einem vorbildlichen Radweg am Fluss entlangfahren, durch Parkanlagen mit Freibädern, Grillstellen und jeder Menge Natur. Wer dringend eine sportliche Herausforderung braucht, kann anschließend noch den ca. 20 km langen *Sacramento Bike Trail* (Radweg) bis zum berühmten Shasta-Damm fahren, durch die bergige Wildnis des nördlichen Kalifornien. Wunderschöne, wilde Natur, fast unentdeckt von Touristen.

Natürlich wurde dieser Teil Reddings einer meiner Lieblingsplätze. Leider wusste ich in diesem Moment nicht, wie ich von der Dana Street da hinkommen sollte. Luftlinie gesehen lag die Brücke sehr nahe. Aber die Straße dahin war für Räder gesperrt. So sprach ich einfach den nächstbesten Passanten an. Das war eine ältere Dame auf einer Parkbank. Daneben lehnte ein Fahrrad mit Plastiktüten, dort das sichere Erkennungszeichen für Obdachlose oder einfach arme Leute. Das treffe sich gut, meinte sie, ich solle einfach mitkommen. Sie sei auch auf dem Weg dahin und wohne dort ganz in der Nähe. Es war eine Art Sozialwohnung, wie sie mir später erklärte. Ihr Gesicht zeugte von einer besseren Vergangenheit; es hatte irgendwie etwas Vornehmes an sich. Aber ihre Kleider sprachen eine deutlich andere Sprache. Es passte nichts zusammen, und alles war irgendwie schäbig. Das gab mir einen Stich ins Herz.

Sie schimpfte über die Schlechtigkeit der Leute. Das käme daher, dass so wenige Leute etwas von Gott und seinen Zehn Geboten in der Bibel wissen wollten. Ich merkte, dass sie das eigentlich nur so dahingesagt hatte. Trotzdem oder gerade deswegen zog ich meine Bibel aus der Tasche, um ihr lachend zu erklären, dass ich darin gerne lesen würde. Damit hatte sie nicht gerechnet und wechselte das Thema. Es lag so etwas Hartes und Misstrauisches in ihrem Wesen. Ich glaube, sie tastete sich an mein Herz heran und wollte wissen, ob da dasselbe drin war oder ... vielleicht hoffentlich etwas Besseres.

Das nächste Thema war sehr ergiebig für sie. Sie hatte natürlich meinen deutschen Akzent bemerkt und wollte unbedingt, dass ich ihr helfen solle, ihre deutschen Vorfahren in Landsberg/Lech ausfindig zu machen. Sie waren vor wenigen Generationen nach USA ausgewandert. Das war ihr ein riesiges Anliegen. Mittlerweile waren wir an einer Bushaltestelle angekommen. Der Bus sei die einzige Möglichkeit, zur *Sundial Bridge* zu kommen, versicherte sie mir. Langsam wurde die Sache abenteuerlich. Ich überlegte gerade, wie ich von dort wohl nach Hause kommen würde. Immerhin würde es bald dunkel werden und ich kannte mich kein bisschen hier aus. Da hörte ich eine leise Stimme in meinem Herzen und fühlte, dass Gott sich um alles kümmern würde.

Derweil hatte Carol, so hieß meine neue Freundin, mit unglaublichem Schwung die Räder vorne auf dem Radständer des Busses verstaut. Da passten gerade zwei hin. Für ihre 70 Jahre war sie erstaunlich fit, vielleicht vom Radfahren. Ich wollte ihr helfen, aber sie meinte, das könne sie alleine schneller. Wahrscheinlich hatte sie recht. Während der Busfahrt erzählte sie mir von ihren Söhnen und Enkelkindern, zu denen sie keine Verbindung mehr hatte, und von ihrem Vater, der ein hoher Offizier bei der Marine gewesen war.

Also daher der Glanz aus früheren Zeiten in ihrem Gesicht. Ich sah deutlich, wie Jesus sich danach sehnte, sie wiederherzustellen. Ich erzählte ihr ein bisschen, warum ich hier war, also von Bethel, und dass mich Jesus hier haben wolle. Sie war interessiert und hatte wohl schon jemand von Bethel getroffen. Sie wusste zumindest der Spur nach, wovon ich redete, und fand die Leute von Bethel sehr in Ordnung. Da war sie nicht die Einzige. Um ehrlich zu sein, haben mir sehr viele Leute in der Stadt, wenn sie meinen ausländischen Akzent hörten, das Gleiche gesagt: „Oh, you are from Bethel? I like them." (O, du bist von Bethel? Die mag ich.) Es gab nicht so viele Gründe, warum Leute von Übersee nach Redding kamen. Da fanden sie schnell heraus, wo die alle hingehörten.

Zwischenzeitlich war der Bus an der Endstation angekommen und wir schoben unsere Räder das kurze Stück bis zur *Sundial Bridge*. Es war mittlerweile dunkel geworden und die beleuchtete Brücke sah imposant aus, mit illuminiertem Glasboden und hoch aufragender „Schwanzflosse". Das war der „Sonnenuhrzeiger". Er sah aus wie die überlange Heckflosse eines Flugzeuges.

Langsam schlenderten wir zum anderen Ufer hinüber und unterhielten uns immer noch angeregt. Sie erklärte mir gerade, dass es in der Gegend immer mehr Drogendealer und Gangs gäbe und ich deshalb in der Dunkelheit unmöglich den Radweg auf dem gegenüberliegenden Hang benutzen könne, um heimzukommen. Sie war besorgt wie eine Mutter um ihr Töchterchen. Von der vorherigen Härte war nichts mehr zu spüren. Schließlich riefen wir mit ihrem Handy meinen Mann an, damit er Bescheid wusste und mich zur Not abholen konnte. Wir hatten noch unseren anfänglichen Mietwagen und wussten nicht so recht wie wir darin ein Rad verstauen sollten, ohne ihn zu verkratzen.

Um eine lange Geschichte kurz zu machen: Auf der anderen Seite der Brücke trafen wir „zufällig" jemand, der mit Bethel in Verbindung war. Er war wohl ein städtischer Angestellter und mit seinem Team gerade dabei, den Park für eine Veranstaltung am Wochenende vorzubereiten. Er bot mir sofort an, mich nach Hause zu fahren, und lud mein Rad auf seinen Truck (Pick up). Ich verabschiedete mich schweren Herzens von Carol – ich glaube, ihr ging's genauso. Dann rief ich noch schnell meinen Mann an, dass ich in zehn Minuten zu Hause sein würde. Und so war es dann auch.

Ob ich Carol jemals wiedergesehen habe? Leider nein. Ich hatte ja durch den Anruf bei meinem Mann ihre Handynummer. Aber Gott wollte nicht, dass ich sie anrufe. Ich sollte auf ihren Anruf warten. Der kam leider nie. Ich habe oft an sie gedacht und für sie gebetet. Und so glaube ich, dass Gott ihr mal wieder jemand von seiner Familie vorbeischicken wird.

Menschen von der Straße – zu Gast in Bethel

Bethel kümmert sich übrigens in vorbildlicher Weise um obdachlose bzw. arme Menschen. Am Wochenende gibt es warmes Essen für sie und unter der Woche immer wieder Einsätze in ärmeren Wohngebieten; die Studenten sind da voll mit eingebunden. Einmal im Jahr im Dezember findet ein riesiges vorweihnachtliches Gala-Dinner mit erlesen geschmückten Tischen, besonderen Geschenken für die Gäste und künstlerischen Darbietungen auf der Bühne statt. Die Bethel-Gemeinde zusammen mit ihren Studenten scheut weder Mühe noch Kosten, diesen Menschen, die in Bussen hergefahren werden, ein wunderschönes Fest zu bereiten. Jeder Tisch wird von jemand aus der Gemeinde oder einem Studenten dekoriert. Diese Person ist dann gleichzeitig der persönliche Gastgeber von acht Gästen, die auf der Schattenseite des Wohlstands leben.

Auch wir waren solche Tisch-Gastgeber. Es war spannend, mit diesen Leuten ins Gespräch zu kommen. In der Stadt hatten wir einmal eine jüngere, beinamputierte Frau im Rollstuhl getroffen. Es überstieg mein Vorstellungsvermögen, wie man als quasi obdachloser Mensch im Rollstuhl auf der Straße überleben konnte. Sie hatte damals eine schlimme Hautkrankheit und kratzte sich ständig, während sie mit uns sprach. Wir kauften ihr etwas zu essen und boten ihr Gebet an, das sie gerne annahm. Zu meinem Erstaunen saß sie nun „zufällig" an meinem Tisch zusammen mit ihren Freunden von der Straße, die sich wohl um sie kümmerten. Offensichtlich kannten sie schon länger die Vorzüge Bethels.

Festlich gedeckte Tische im großen Gottesdienstraum der Bethel Church
(für das vorweihnachtliche große Fest für die Leute von der Straße)

Eine Frau, die auch an meinem Tisch saß, aber nicht viel sprach, weinte nach einem Bühnensketch – sie hatte darin ihre eigene zerbrochene Lebensgeschichte erkannt. Später bekam sie auf Wunsch eine Bibel geschenkt und legte ihr Leben in die Hände Jesu.

Überraschung bei McDonalds

Eine andere Begebenheit trug sich bei McDonalds zu. Es war schon spätabends und wir brauchten dringend noch etwas zu essen. Eigentlich wollten mein Mann und ich „das schnelle Essen" mit nach Hause nehmen, entschieden uns dann aber doch, uns draußen hinzusetzen. Es war Spätherbst und noch sehr mild. Zwei junge Leute vertrieben sich neben unserem Sitzplatz die Zeit, und gleich dahinter am Lieferanteneingang wurde neue Ware abgeladen. Es war nicht sehr gemütlich, und wir wollten möglichst schnell wieder wegkommen. Einer der beiden jungen Leute, ein Mann Anfang zwanzig, sprach uns an. Er erzählte uns unvermittelt seine tragische Lebensgeschichte und dass er jetzt sozusagen auf der Straße lebe. Er sah sehr vernünftig aus und sprach auch so. Es war nicht schwer zu erkennen, dass Gott etwas ganz anderes mit ihm vorhatte, als sein Leben auf der Straße zu verplempern. Ich beschrieb ihm im Verlauf des Gesprächs, was ich von Gott her für sein Leben sehen konnte, wie Gott ihn von seinen traumatischen Erlebnissen heilen und ihn in eine neue Zukunft führen wolle. Schließlich fragte ich ihn, ob ich für ihn beten solle. Er sei zwar Buddhist, meinte er, aber das sei völlig in Ordnung, ich solle ruhig für ihn beten. Das Gebet tat richtig gut, mir auch. Hoffnung kam in sein Leben. Und plötzlich bedauerten wir es, nicht länger an diesem „ungemütlichen" Ort bleiben zu können. Das Gebet und die Gegenwart Gottes veränderten alles.

Manchmal habe ich mich gefragt, ob diese und andere Begegnungen wegen des offenen Himmels über Redding so leicht „passieren" konnten. Ich wünschte es mir natürlich auch für zu Hause. Oder war ich hier einfach risikobereiter und die Amerikaner kontaktfreudiger und zugänglicher? Rückblickend empfinde ich jedenfalls, dass es als Bethel-Student sehr leicht war, Gottes Botschaft in die Stadt hineinzutragen: Gottes Liebe umgab einen ständig und kam einfach mit.

Die Liebe Gottes, eingebettet in diese Kultur der Ehre oder Wertschätzung, führte auch oft dazu, dass Freundschaften schnell eine besondere Tiefe gewannen. In Zeiten der Not waren sie das zuverlässige Netz, das uns auffing, wie z. B. die Freundschaft zu Mario und Marit. Aber davon mehr im nächsten Kapitel.

07

Höhen und Tiefen liegen dicht beieinander

Eines der Dinge, die uns als Studenten in Bethel sehr gefielen, war das Zusammentreffen mit den Nationen. Besonders die deutschsprachigen Treffen (Deutschland, Schweiz, Österreich) waren ein Highlight. Leider fanden sie aus organisatorischen Gründen nur selten statt. Wir waren immerhin um die 50 Leute, und oft waren noch Gäste mit dabei, die gerade auf Besuch waren oder an einer Konferenz teilnahmen. Man brauchte also größere Räumlichkeiten.

Das erste Treffen dieser Art fand bei Mario und Marit, einem jungen deutschen Paar, statt. Sie wohnten als Untermieter bei einem Mitarbeiterehepaar von Bethel, in dessen wunderschönem, großen Haus. Wir versorgten uns am amerikanischen Büffet (= jeder bringt was mit) mit Leckereien und begaben uns dann in den Garten, wo's bei viel Gelächter und Geplauder weiterging. Deutsch in allen Dialekten schwirrte durch die Luft, von Linz bis Bern, von Stuttgart bis Hamburg. Es gab so vieles zu erzählen: Wo kommst du her? Warum bist du gerade nach Bethel gekommen? Wie kommst du zurecht? Junge Familien und Ehepaare jeden Alters und jede Menge junger Leute versammelten sich dann schließlich auf der Terrasse, um Mario und Marit, die schon Studenten im zweiten Schuljahr waren, zuzuhören.

Ein besonderes Eheseminar: Love After Marriage

Es war eine spannende Geschichte. Sie erzählten sehr offen, wie sie durch den Dienst von Lori und Barry, des Ehepaares, in dessen Haus sie wohnten, einen gewaltigen Durchbruch im Bereich innerer Heilung bzw. Heilung der Seele erlebt hatten.

Innerhalb ihres Seelsorgedienstes für Ehepaare veranstalten Lori und Barry regelmäßig sogenannte „LAM"-Wochen (LAM = „Love

After Marriage"; deutsch: „Liebe in der Ehe"). Diese sind inzwischen auch im deutschsprachigen Raum im Kommen.[1] Mario und Marits Durchbruch fand ein halbes Jahr zuvor auf einer solchen LAM-Woche statt und hat die Ehe der beiden nochmals auf eine ganz neue Ebene gestellt. Lori und Barry sagten anschließend noch etwas zu ihren LAM-Wochen und wie Gott oft im Traum zu ihnen über diese Ehepaar-Initiative gesprochen hatte. Sie sahen sogar das Haus, in dem sie jetzt wohnen, vorher im Traum.

Das alles hat uns natürlich neugierig gemacht. Mein Mann und ich besuchten deshalb einige Monate später auch eine LAM-Woche in der Nähe von Redding. „LAM" geht tatsächlich sehr tief und hat enormes Potenzial, Ehen zu revolutionieren. Das liegt wohl daran, dass der Heilige Geist so viel Freiheit hat, an den Herzen zu wirken, aufzudecken, zu heilen. Eines ihrer Anliegen ist es, den Geist des Menschen in die Mündigkeit zu führen („Calling the spirit into a prominent place above soul and body", d. h. den Geist in die Herrschaft über Seele und Körper zu rufen).[2] Damit hatten sie viel Erfolg, vor allem wenn Ehepaare aufgrund von seelischen Verletzungen in ihrer Beziehung „festgefahren" waren.

Wir waren mit drei weiteren Ehepaaren in der Kleingruppe zusammen und es tat gut, so offen miteinander reden zu können, eben Familie Gottes zu genießen. Erstaunlich, welch weite Anreise viele Paare in Kauf genommen hatten, um in der wundervollen und manchmal auch herausfordernden Gegenwart Gottes ihre Ehe neu zu gestalten; Australier und Engländer waren auf jeden Fall auch dabei. Unsere drei Paare kamen aus Südkalifornien, Westkanada und Alaska. Wir bedauern bis heute, dass sie so weit weg wohnen.

Wir beteten füreinander und prophezeiten übereinander, was sehr zur Ermutigung jedes Paares beitrug. Ich denke, eine Kultur der Ehre und eine Kultur der Ermutigung sind die beiden Seiten ein und derselben Medaille: Wenn ich jemand ehre, ermutige ich ihn, und wenn ich jemand ermutige, ehre ich ihn. Prophetische Worte spielen

---

[1] Das Buch „Love After Marriage" von Lori und Barry Byrne erscheint Ende 2012 bei GloryWorld-Medien in Deutsch. Voraussichtlicher Titel: „Liebe in der Ehe".
[2] Was im Einzelnen damit gemeint ist und wie man solche Segensgebete für sich selbst und andere sprechen kann, findet man in dem sehr wohltuenden Buch von Sylvia Gunter und Arthur Burk: *Blessing your Spirit*, in Deutsch als E-Book erhältlich.

dabei eine ganz besondere Rolle (vgl. Kapitel 8: „Freude am Prophetischen"). Lori und Barry lehrten also nicht nur von vorne, sondern Lernen fand auch beim Durcharbeiten des Handbuchs, im anschließenden Gespräch mit dem Ehepartner oder in der Dynamik der Gruppe statt.

Das waren so die Gelegenheiten, bei denen uns Gott neue Menschen aus seiner Familie vorstellte. Oft entstanden daraus Freundschaften.

Bewusstlos am Straßenrand: mein Fahrradunfall

Höhen und Tiefen lagen in dieser ersten Zeit in Bethel oft dicht beieinander: Einen Tag nach diesem deutschsprachigen Treffen passierte mein Radunfall. Der Nachmittagsunterricht war zu Ende und ich verspürte enorme Lust noch etwas mit meinem Rad zu fahren. Körperliche Bewegung kam immer etwas zu kurz. Ich hatte in der Nacht davor wegen starker Kopfschmerzen nicht viel schlafen können. Insgesamt war ich wohl auch teilweise erschöpft wegen der Nachtschichten, die ich in der Anfangszeit ab und zu einlegte, um die Hausaufgaben fertig zu bekommen. Ich fuhr also ein paar Kilometer Richtung Stadt und schwenkte dann in die Straße zum Bethel Campus ein. Ich wollte noch ein bisschen ins Alabasterhaus gehen. Das ist das 24/7-Gebetshaus von Bethel, architektonisch und von den Gartenanlagen her sehr künstlerisch gestaltet, mit einem Wasserfall und einem nachgebildetem Teich Bethesda als prophetisches Zeichen für Heilung. Man könnte das Ganze fast als ein Wahrzeichen Bethels bezeichnen.

Aber dazu kam es nicht. Ich sah schon das Gebetshaus in der Ferne, und das war dann auch das Letzte, an das ich mich erinnern konnte. Ich kam wieder zu mir, als ein Sanitäter mich wachrüttelte. Ich lag auf einer Trage in einem Krankenwagen, der mich gerade zum nächsten Krankenhaus brachte. Sie wollten unbedingt die Adresse von Familienangehörigen haben, aber ich wollte lieber in Ruhe gelassen werden. Ich war völlig benommen nach meinem Radsturz, bei dem ich das Bewusstsein verloren hatte. Das Gesicht meines Mannes habe ich nicht gesehen, als ihm die Feuerwehr – in Amerika wohl so üblich – die Nachricht von meinem Sturz persönlich überbrachte. Er erzählte mir später, wie sehr er erschrocken war, obwohl ihn der Mann sofort beruhigt hatte. Es sei nichts Schlimmes, er solle eben möglichst schnell ins Krankenhaus kommen.

Und wer war im Krankenhaus auch sofort zur Stelle? Mario und Marit, unsere neuen Freunde, die wir erst einen Tag zuvor beim deutschsprachigen Treffen kennengelernt hatten. Bethel hatte wegen meines Unfalls einen Rundruf gemacht, und so hatten sie auf diesem Wege davon erfahren.

Dass sie mit dabei waren, half sehr. Sie wirkten sehr beruhigend und konnten auch viel besser Englisch als wir. Sie blieben die ganze Nacht bei uns. Krankenhäuser waren ihnen beruflich ohnehin vertraut. Der behandelnde Arzt ließ sie sogar mit dabei sein, als er mich im Gesicht und im Innenbereich des Mundes nähte. Händchen halten und viel Ermutigung ließen mich vergessen, dass mein Gesicht wirklich übel zugerichtet war und genäht werden musste. Ich war buchstäblich auf den Kopf gefallen. Der Arzt murmelte etwas von Frankenstein, er lachte aber dabei, weil die Blutergüsse ja schnell abklingen würden. Als er mich innen im Mund in der Nähe der Zähne nähen musste, staunte er, dass kein einziger Zahn etwas abbekommen hatte. Das sei ungewöhnlich bei einem so schweren Sturz aufs Gesicht. Sie machten dann noch eine Computertomografie, weil weitere Verletzungen im Kopfbereich vermutet wurden. Aber Gott sei Dank (!) fanden sie nichts. Es blieb bei einer mittelschweren Gehirnerschütterung.

Was sie irgendwie nicht im Fokus hatten, war mein rechter Arm, der voller Blutergüsse war. Als ich drei Wochen später noch einmal hinging, weil er immer noch schmerzte, stellten sie fest, dass er gebrochen gewesen war. Aber er sei mittlerweile so gut geheilt, dass ein Gips nicht mehr nötig sei. In diesem Moment erinnerte mich Gott daran, wie viele Studenten ständig für meinen Arm gebetet hatten. Das war der himmlische „Gips"!

Die Schmerzen hörten dann bald auf. Die Gehirnerschütterung bzw. der Schwindel, den sie hervorrief, dauerte leider länger. Sehr unangenehm war auch die Naht im Mund, selbst als sich die Fäden endlich aufgelöst hatten. Was mich aber über Schmerzen und Schwindel hinaus beschäftigte, war die Frage, wer mich wohl nach meinem Sturz bewusstlos am Straßenrand liegend gefunden hatte.

Eine Woche danach sprach mich während einer Unterrichtspause ein junger Amerikaner an, wie's mir ginge. Ich kannte ihn nicht, sah aber auf seinem Namensschildchen, dass er mit Nachnamen Grace (Gnade) hieß. Es stellte sich heraus, dass er derjenige war, der mich gefunden hatte. Wow! Was für ein Zufall, meinte ich, es war ja immerhin schon dunkel gewesen und dieser Straßenabschnitt war sehr schlecht beleuchtet.

Nein, antwortete er, es sei kein Zufall gewesen, und er erzählte mir die sehr erstaunliche Geschichte. Er sei an diesem Abend oben in Bethel gewesen, bei einem Gebetsabend. Plötzlich habe er Gottes Stimme gehört: Komm schnell, geh zu deinem Truck (Pick-up), ich habe eine Aufgabe für dich! Er war sehr überrascht und ging sofort zum Parkplatz hinaus. Als er in sein Auto stieg, fragte er Gott noch, worum es eigentlich ginge. Die Antwort kam sehr prompt: Good Samaritan (barmherziger Samariter)! Mehr nicht. So fuhr er los, erst mal langsam den Hang hinunter, am Alabasterhaus vorbei, und schaute aufmerksam links und rechts. Im weiteren Verlauf steigt die Straße wieder leicht an und genau da sah er mich auf meinem Rad auf der Gegenfahrbahn den Hang herunterkommen. Als er ungefähr auf gleicher Höhe mit mir war, stürzte ich plötzlich, er bemerkte es gerade noch aus dem Augenwinkel. So war er der Erste, der bei mir war, für mich betete und einen Krankenwagen rief. Es kamen dann noch weitere Studenten dazu, sodass eine richtige kleine Gebetsmannschaft versammelt war, als der Krankenwagen schließlich eintraf.

Eigentlich war es eine besondere Straße, an der der Unfall passierte. Sie führt zur Bethel-Gemeinde hoch und manche sahen schon Engel dort stehen bzw. spürten deren Gegenwart. Engel sind ja zu unserem Schutz von Gott ausgesandt (vgl. Psalm 91,11). Ich persönlich bin sehr dankbar, dass bei dem Radunfall trotz allem nicht mehr passiert ist, und danke Gott für seine Bewahrung.

Später haben wir beide, mein amerikanischer Lebensretter und ich, während einer Zeugniszeit den anderen Studenten davon erzählt. Das heißt, ich erzählte meinen Teil der Geschichte, und als er an der Reihe war oder eigentlich schon vorher, betete ich, dass er auch tatsächlich in diesem Moment da sein würde. Ich hatte ihn nicht mehr vorwarnen können, weil man sich bei 850 Studenten nicht so einfach über den Weg läuft. Er kam unter den ermutigenden Zurufen seiner Freunde auf die Bühne und erzählte seinen Teil, wie er mich gefunden hatte.

Nachher kam er ganz aufgeregt auf mich zu. Er habe gerade zum ersten Mal in ein Mikro gesprochen, und das gleich vor so vielen Leuten. Gott wolle, dass er lehren und Lobpreis machen solle. Aber er habe sich bisher nicht einmal vor einem kleinen Kreis getraut, seine Gaben einzusetzen, und nur im stillen Kämmerlein gespielt. Das war bisher wie ein unüberwindlicher Riese in seinem Leben gewesen, aber es sei jetzt weg. Ob mir Gott gesagt hätte, ich solle ihn nicht vorwarnen, wollte er noch wissen. Als ich auf der Bühne stand, habe er schon geahnt, dass ich ihn demnächst herausrufen würde. Er habe gerade auf die Toilette ausbüxen wollen, aber Gott habe ihn massiv zurückgehalten. Er war außer sich vor Freude über diesen Sieg.

„Wunder-volle" Bewahrung

Natürlich fragt man sich nach so einem Unfall oder ähnlich schlimmen Dingen, warum das passieren musste. Dazu fällt mir eine Predigt bzw. Lehre von Kris Vallotton ein, die er uns eindringlich ans Herz gelegt hatte. Wenn du nicht sicher bist, was du tun sollst, oder wenn du dich nicht getraust, einen Weg zu gehen, weil du Fehler machen könntest oder Angst vor Überforderung hast, dann geh ihn trotzdem – im Vertrauen auf Gott. Gar nicht zu gehen bringt dich nirgendwo hin. Aber wenn du gehst und schlimme Dinge passieren, so darfst du wissen: „God causes everything to work together for your good" („Gott bewirkt, dass dir alles zum Guten mitwirken wird"), gemeint ist die Bibelstelle aus Römer 8,28 (ELB): *„Denen, die Gott lieben, werden alle Dinge zum Guten mitwirken."* Dieses „work together" – Gott „bringt es zusammen" – ist das entscheidende Plus in der Rechnung. In anderen Worten: Dein Job ist es, dich auf den Weg zu machen. Gottes Werk ist es, dich zu segnen und dich auch aus widrigen Umständen siegreich hervorgehen zu lassen.

Wer trotzdem noch am Grübeln ist, dem möchte ich gerne noch eine andere Geschichte erzählen. Es war zwei Monate später an einem regnerischen Dezemberabend. Ich fuhr mit dem Auto durch die Südstadt von Redding auf der Suche nach einem bestimmten Laden. Es war eine breite Hauptstraße, in die ständig von rechts kleinere Nebenstraßen mündeten. Die hatten alle Stoppschilder. Für diese galt die gleiche Regel wie bei uns in Deutschland: Erst anhalten bzw. zum Stopp kommen, dann einbiegen. Wie ich so die Straße entlangfuhr, sah ich von rechts die Scheinwerfer eines Autos, das zu meinem Entsetzen in voller Geschwindigkeit gerade über das auf der Straße aufgemalte „Stopp" fuhr. Ich hörte schon förmlich den Aufprall in meiner rechten Seite und überlegte noch für den Bruchteil einer Sekunde, wie groß der Schaden für mich selbst sein würde. Aber alles blieb still. Ich schaute nach rechts, und da stand das Auto. Es war noch rechtzeitig zum Stehen gekommen. Wie ging denn das zu? Rein physikalisch hatte das nie und nimmer reichen können bei den paar Metern, die zwischen uns waren. Von der regennassen Fahrbahn ganz zu schweigen! Wir fuhren beide rechts an den Fahrbahnrand, um den Verkehr nicht zu behindern, und stiegen aus. Ich werde nie den Gesichtsausdruck der Fahrerin vergessen, als sie mir mit freudiger Stimme entgegenrief: *God was between us!* (Gott war zwischen uns!) Sie war auch Christin, und wir begutachteten beide Autos. Aber es fand sich nicht die geringste Spur einer Beschädigung.

Diese Geschichte fordert wieder auf eine andere Art heraus, weil sie unseren Verstand torpediert. Gott hatte auf seine Art, nämlich übernatürlich, eingegriffen, das stand für uns beide fest. Es war eines der vielen Wunder, die ich in meiner Zeit in Bethel erlebte. Obwohl Wunder in Bethel an der Tagesordnung waren, wurden sie immer als etwas sehr Kostbares, als eine Offenbarung von Gottes Herzen und seiner Größe bewertet. Gott will uns mit einem Wunder etwas über sein Wesen lehren. Dazu müssen wir es an unserem Herzen und vor allem in unserer Denkweise wirken lassen – so haben wir es in Bethel gelernt. Gott erwartet, dass wir „dieses Wunder zum neuen Standard für unser Leben machen".[3] „Ein Wunder ist ein Lehrer, ein Geschenk von Gott, um uns zu zeigen, was auf der anderen Seite existiert. Wenn ich ein Wunder erfahre und später zu denselben Zweifeln, dem Murren, Ächzen und Klagen zurückkehre, geschieht das deswegen, weil ich dem Zeugnis des Herrn nicht erlaubt habe,

---

[3] Bill Johnson, *Neues Denken – neue Vollmacht,* Grain Press 2007, S. 101.

seine volle Auswirkung auf meine Denkweise zu haben."[4] Unser Verstand, unser Denken kann zum Hindernis für Wunder werden oder aber, wenn er im obigen Sinne erneuert wurde, zu einer offenen Tür für weitere Wunder.

Ganz viele große und kleine Wunder erlebte ich in Bethel im Bereich des Prophetischen. Die Gabe der Prophetie hatte überhaupt eine besondere Bedeutung im Umfeld der Kultur der Ehre, wovon das nächste Kapitel ausführlicher berichten wird.

---

[4] Ibid., S. 101

08

Freude am Prophetischen: Wie Gott uns ermutigt

Durch Kris Vallottons Lehren und Bücher hatte das Prophetische einen besonderen Stellenwert in unserem Studium an der BSSM. Es war seine ganz besondere Begabung, uns diese Gabe nahezubringen, von der es in der Bibel heißt, dass wir nach ihr am meisten streben sollen (vgl. 1 Kor 14,1). Nicht dass mich dieser Bereich nicht schon vorher interessiert hätte, aber dort wurde er eindeutig zu meinem „Lieblingsfach". Interessanterweise wurden in dieser Zeit auch viele prophetische Worte Realität, die ich schon Jahre zuvor empfangen hatte.

Die Bedeutung der Prophetie in einer Kultur der Ehre

Im Umfeld einer Kultur der Ehre, das merkte ich sehr schnell, haben prophetische Botschaften eine besondere Bedeutung. Sie tragen sehr zu einem sogenannten übernatürlichen Lebensstil bei, dem Kris Vallotton ein ganzes Buch gewidmet hat.[1] Prophetische Worte ermutigen Menschen, ihre gottgewollte Berufung zu ergreifen, sich von Jesus in die Person umgestalten zu lassen, deren Wunschbild sie bereits in ihrem Herzen tragen. Kein anderer als Gott hat es da hineingelegt.

Ich bemerkte das auch bei mir selbst. Im Lauf der Wochen wurde ich freier und fröhlicher und konnte viel mehr zu dem stehen, was eigentlich schon immer in meinem Herzen war. Das kam vor allem daher, dass mein Bild von meinem himmlischen Vater immer größer wurde. Wenn man so viel Lebensveränderndes um sich herum sieht – und das spiegelte sich oft in veränderten Gesichtern wider –, bleibt

---

[1] Kris Vallotton, *Der übernatürliche Lebensstil,* Grain Press 2009.

man auch nicht mehr der- oder dieselbe. Eine Kultur der Ehre, der Ermutigung ist ansteckend.

Deshalb trägt die Wertschätzung und Ermutigung des anderen sehr zu diesem Umgestaltungsprozess bei. Menschen, die uns prophetische Worte vom Herzen Jesu sagen, sind wie Katalysatoren. Sie beschleunigen die Umgestaltungsprozesse, die Jesus in unserem Herzen schon begonnen hat. Keine Gemeinde sollte auf diese wundervolle Gabe verzichten. Ausgewogene Lehre darüber ist natürlich unerlässlich sowie viel Freiraum, sie einüben zu können.

Es gab viele Übungsfelder in Bethel für diese Gabe. Eigentlich spielte sie überall eine Rolle: in der Seelsorge, bei Einsätzen auf der Straße, in der Fürbitte, in Gottesdiensten und Anbetungszeiten, in den Healing Rooms (Heilungsräumen), um nur ein paar Bereiche zu nennen. Sie ist ein wunderbares Instrument, Gottes Größe und Herrlichkeit auf dieser Erde bekannt zu machen, oft zusammen mit dem Wort der Erkenntnis.

Mich macht es immer wieder traurig, wenn Menschen oder Gemeinden dieser Gabe gegenüber misstrauisch sind. Warum sich nicht Rat oder Lehre darüber bei anderen Gemeinden holen, die schon gute Erfahrungen mit Prophetie gemacht haben? Ohne diese Gabe verpasst man leicht weite Teile des übernatürlichen Wirkens Gottes und nimmt Gott dadurch die Ehre.

Kris Vallotton betonte immer wieder, dass wir diese Gabe als Menschen des Neuen Bundes einsetzen müssen „zur Erbauung, Tröstung, Ermahnung" (vgl. 1 Kor 14,1). Prophetische Worte, Eindrücke oder Bilder dürfen auf keinen Fall Angst oder gar Panik erzeugen, denn *„Gottes Güte* leitet uns zur Umkehr" (vgl. Röm 2,4). Seine Liebe und Güte modelliert und gestaltet uns.

Unsere Worte als Kinder Gottes haben gewaltige Kraft. Das gilt auch und gerade für das Gebiet der Prophetie. Das sollte uns immer bewusst sein. Gott hat diese Welt durch sein gesprochenes Wort in Existenz gerufen. Wenn wir ein solches vollmächtiges prophetisches Wort im Glauben annehmen können, empfangen wir das, was die Bibel den „Lohn eines Propheten" (vgl. Mt 10,41) nennt. In anderen Worten: „Der Wert, den du dem Wort beimisst, bestimmt die Kraft, die du von ihm empfängst."[2] Damit ist auch sehr leicht erklärt, warum

---

[2] Ibid., S. 206.

manche prophetischen Worte nicht eintreffen, obwohl sie eindeutig von Gott kamen: Wir haben ihnen keinen entsprechenden Wert beigemessen, sie nicht erwartungsvoll festgehalten, sondern vielleicht sogar vergessen.

Kris Vallotton fährt in seiner Erklärung fort: „Der Lohn eines Propheten ist die Fähigkeit, das zu tun, was du eine Sekunde, bevor du das prophetische Wort bekommen hast, nicht tun konntest. Wir nennen diese gottgegebene Fähigkeit Gnade. Gnade ist mehr als unverdiente Gunst. Gnade ist die operative Kraft Gottes ... Vielleicht ist es einfacher für dich, dir das so vorzustellen: Sagen wir, der Anschaulichkeit halber, dass deine menschlichen Worte rot wären. Aber wenn du für Gott sprichst, dann liegt auf deinen roten Worten blau. Das Blaue ist es, was deine Worte zur Prophetie werden lässt. Das Blaue ist Gnade, die operative Kraft Gottes. Es ist das Blaue, das bewirkt, dass deine Worte die verwandelnde Kraft des Königreiches tragen. Es ist das Blaue, das den Himmel hereinbrechen lässt."[3]

Lernen und anwenden

Es war nicht nur die Lehre an sich, die meine Sicht erweiterte und vertiefte, sondern auch die Tatsache, dass wir als Studenten unter der Salbung und Autorität unserer wunderbaren Lehrer diese Gabe einüben durften. Als wir einmal zu Beginn von Kris Vallottons Lehrpredigt füreinander prophezeien sollten, bekam ich folgendes Bild für meinen Nachbarn. Ich sah einen Blitz vom Himmel kommen. Er berührte einen Surfer, der in einer Wellenröhre dahinraste, wie man das von Wellenreitern in Hawaii kennt. Mit der Energie des himmlischen Blitzes änderte er plötzlich seine Art zu surfen. Er kam höher und glitt immer mehr *auf* den Wellenkämmen dahin. Vorher war es ganz dunkel, jetzt war heller Tag.

Ich erzählte meinem Nachbarn das Bild. Er war sehr interessiert, wollte aber unbedingt noch meine Auslegung hören. So bat ich Jesus darum, und die Auslegung sah dann so aus: Die Wellen sind unsere Emotionen. Wir sollen uns nicht von ihnen bestimmen oder

---

[3] Ibid., S. 206.

gar bedrohen lassen. So eine Wellenröhre kann ja extrem gefährlich werden. Stattdessen sollen wir unsere Emotionen im Griff haben und nicht sie uns: Das bedeutet, *auf* den „Wellenkämmen" zu surfen. Das können wir aber nicht von uns aus, wir brauchen dazu den „himmlischen Blitz", die übernatürliche Kraft Gottes.

Interessanterweise lehrte Kris Vallotton anschließend genau über diesen wichtigen Punkt, nämlich wie wir unsere Emotionen beherrschen können. Ein Satz seiner Lehre blieb mir auf jeden Fall im Gedächtnis: Wenn du deine Innenwelt managen kannst, wird auch deine Außenwelt in Ordnung sein. Im umgekehrten Fall wird Chaos in deinem Inneren auch Chaos um dich herum zur Folge haben.

Wochen später, als ich dieses Bild nochmals an jemand anderen weitergab, setzte sich die Szene plötzlich fort. Ich sah, wie der Surfer an einem strahlenden Sonnentag surfte – wie gesagt keine Spur von Dunkelheit mehr. Die Wellenriesen wurden immer kleiner. Zum Schluss saß er andächtig auf seinem Surfbrett bei völlig ruhiger See, umgeben vom Frieden des Himmels. Jesus war bei ihm und sie genossen die gemeinsame Zeit.

Um ehrlich zu sein, hat mich dieses Bild auch selbst sehr gesegnet und mich im Umgang mit „Wellenriesen" ruhiger gemacht. Manchmal sind Bilder einprägsamer als Worte. Immer mehr empfand ich: Prophetische Worte und Bilder waren Gottes direktes Reden von seinem Herzen zu unserem, zu meinem. Er ließ uns immer wieder an dem kreativen Reichtum seines Herzens teilhaben und damit auch an seinen Plänen! Und das alles eingebettet in seine Liebe.

Ich erlebte das einmal in besonderer Weise während einer kleinen *retreat* (Freizeit) für uns Studenten in der Nähe von Chico, ca. eine Stunde von Redding entfernt. Diese beiden Tage waren der unbestrittene Höhepunkt während unserer Anfangszeit in Bethel. Sie fand in einer sehr schönen Tagungs- und Ferienanlage von „Jugend mit einer Mission" statt. Dieses Gelände war eingebettet in ein romantisches Tal in den Vorbergen der Sierra Nevada, mit Bach, Wasserfall, „Indian outlook" (Indianeraussichtspunkt) und verträumten, kleinen Ferienhäuschen.

Es war Ende September und noch ziemlich heiß. Nachmittags waren wir zum Baden am Pool oder wanderten an dem kleinen Bach entlang zum Wasserfall. Abends war Gottesdienst in einer etwas abseits gelegenen Halle. Es war ein besonderer Lobpreis. Es lag etwas in der Luft, ich wusste nur noch nicht was. Das wollte ich herausfinden. Ich setzte mich irgendwo am Rande des Saales auf den Boden und lehnte mich an die Wand, die Augen geschlossen. Die Stimme der Sängerin war unglaublich stark. Sie „stand" förmlich im Raum. Sie schien in der unsichtbaren Welt etwas auszulösen.

Und plötzlich war ich nicht mehr in Kalifornien. Die Band stand auf einem Berg in meiner Heimat, ich saß daneben im Gras. Wie oft hatten wir uns hier zu Gebet und Lobpreis getroffen, von unserem Dorf aus oder auch von der ganzen Region. Der Berg bot einen wunderbaren Ausblick. Nach Norden und Westen konnte man bestimmt 30 Kilometer weit sehen. Alles, was je auf diesem Berg gebetet wurde, auch alles Lob Gottes, bündelte sich in diesem Moment in der Stimme der Sängerin, so empfand ich es, verstärkt durch die Salbung von Bethel. Sie sang vom Feuer Gottes, und es kam in diesem Moment herab auf das Land.

Dann stand ich in unserem Dorf – während sie immer noch sang. Die Mauern unserer Kirche bebten. Das ging ziemlich lange. Im gegenüberliegenden Gemeindehaus, wo sich die Jugend immer trifft, war gleißendes Licht, und mittendrin anbetende und feiernde junge Leute. Ich konnte nicht hinsehen, ohne geblendet zu werden. In diesem Moment öffnete ich unwillkürlich meine Augen ... und war zu meinem Erstaunen in Kalifornien. Keine Frage, dieses Bild hat sich mir eingeprägt. Es war eine großartige Ermutigung für zu Hause.

„Schlüssel"-Worte

Ein prophetisches Wort, das besonders viel Kraft oder, um mit Kris Vallotton zu sprechen, „Blau" in sich trug, war ganz klar die „Schlüssel"-Prophetie. Mein Mann und ich nannten sie so. Ich hatte dieses prophetische Wort oder Bild von den Schlüsseln in der Hand Jesu, mit denen wir verschlossene Türen aufschließen konnten, schon zu Hause kurz vor unserem Abflug bekommen (siehe Kapitel 1). Mit den verschlossenen Türen waren hauptsächlich unerwartete Hindernisse gemeint, das fanden wir sehr schnell heraus. Und oft waren es die sogenannten kleinen Dinge im Alltag, die aber in einem fremden Land bedrohlicher waren als zu Hause. Weil uns die Erlebnisse mit diesem prophetischen Wort so beeindruckten, hier ein paar Beispiele. Diese Schlüssel-Prophetie zeigt gleichzeitig sehr anschaulich, wie ein Wunder das nächste freisetzt. Denn natürlich wuchs unser Vertrauen, unser Glaube zu Gott mit jedem Mal, wo wir diese „Schlüssel" mit Erfolg benutzten.

Im Lauf des Jahres besuchten uns unsere drei Kinder, die sich alle im Studium befanden. Unsere Tochter konnte an der *Bethel Christian School* (Christliche Schule, Grundschule und Sekundarstufe bis Klasse 8) ein vierwöchiges Praktikum absolvieren, das sie für ihr Studium benötigte. Es war eine ganz besondere Sache, an einer Schule, die nach den Grundwerten einer Kultur der Ehre lebte, zu unterrichten. Es wurde bzw. wird tatsächlich dort so umgesetzt, wie es in den Büchern beschrieben wird; ich habe mich auch einmal davon überzeugen können. Sie luden mich in eine Klasse ein als Mutter der jungen deutschen Praktikantin. Nach der Begrüßung durfte ich vorne auf einem Stuhl Platz nehmen. Die Schüler ermutigten mich durch prophetische Worte. Das war dort so üblich, wenn Gäste kamen. Es fand im Rahmen ihrer Andachtszeit statt. Der Lehrer tippte die Worte mit und gab sie mir anschließend ausgedruckt mit. Sie waren sehr akkurat, beschrieben meine Heimat zu Hause, mich selbst, meinen Dienst und Gottes Pläne für die Zukunft. Ich habe das Blatt heute noch.

Auch meine Tochter war sehr ermutigt für ihren Beruf als Lehrerin und empfing überall Wertschätzung und Anerkennung.

Jetzt aber zu der eigentlichen Geschichte. Wir waren gerade fertig mit dem nachmittäglichen Unterricht, da rief sie uns an, ihr Computer sei „am Durchdrehen". Sie bat uns, kurz vorbeizukommen. Unser Sohn, der gerade ebenfalls auf Besuch war, kam mit. Ihr Computer hatte auf unerklärliche Weise einen Virus eingefangen. Es war ein sehr trickreicher, auf die Schnelle war nichts zu machen. Sie war gerade dabei gewesen, ein Arbeitsblatt am Computer fertigzustellen und auszudrucken, das sie unbedingt am nächsten Tag im Unterricht brauchte. Ich spürte, es war mal wieder Zeit für einen Schlüssel, den wir alle im Gebet aus der Hand von Jesus nahmen. Unser Sohn suchte mit seinem Computer im Internet nach Rat, um den Virus unschädlich zu machen. Er fand eine vermeintlich richtige Anleitung, die aber selbst zur Installation eines weiteren Virus („Trojanisches Pferd") geführt hätte. Der erste Schritt der Anleitung war allerdings korrekt und entschärfte den ursprünglichen Virus. Nun war es überhaupt erst möglich, einen „Virenchecker" zu installieren. Der installierte Virenscanner fand immerhin 18 Viren, kein Wunder, dass mit dem Computer nichts mehr anzufangen war. Gott sei dank für alle „guten Ideen"!

Eine ganz andere „Schlüssel"-Geschichte erlebten wir in einem Flugzeug. Es war schon auf der Heimreise. Wir saßen in besagtem Flugzeug in San Francisco und warteten auf den Start. Schlechte Wetterbedingungen in Chicago, wo wir zwischenlanden sollten, zögerten den Start hinaus. Nach fast einer Stunde wurde uns langsam ungemütlich zumute. Wir befürchteten, den Anschlussflug nach Charlotte/North Carolina zu verpassen, wo wir noch einen Freund besuchen wollten. Wir benachrichtigten ein paar Freunde, für uns zu beten, natürlich auch für eine sichere Landung. Dann fiel uns wieder die Sache mit den Schlüsseln ein. Als ich den Schlüssel aus der Hand Jesu nahm, verwandelte er sich vor meinem inneren Auge buchstäblich in ein startendes Flugzeug. Zehn Minuten später waren wir in der Luft! Zu dem „Schlüssel" gab Gott mir noch das Wort von den behütenden Engeln aus Psalm 91,11.

Die Landung in Chicago war völlig harmlos, das schlechte Wetter hatte sich wohl verzogen. So vergaß ich das Wort zunächst. Wir bekamen gerade noch das Flugzeug nach Charlotte. Doch beim Landeanflug auf Charlotte kamen wir in eine Gewitterfront. Wir flogen durch riesige Wolkenberge, heftig beleuchtet von der untergehenden Sonne, darunter zuckten die Blitze. Ich hatte früher mal starke Flugangst gehabt. Gott hatte mir daraufhin bei jedem Flugzeugstart seine Engel gezeigt, die er aufgeboten hatte, um das Flugzeug sicher zu geleiten. So verlor ich immer mehr meine Flugangst und begann das Fliegen sogar zu genießen. Doch in diesem Moment wurde mir doch unbehaglich zumute, zumal das Flugzeug immer wieder absackte. Da fiel mir wieder Psalm 91 ein und ich empfand in diesem Moment sehr stark, dass wir sicher landen würden. Irgendwie fühlte es sich an, als würde das Flugzeug unter „seinen Fittichen" fliegen (vgl. Psalm 91,4) und gleichzeitig auf den Händen von Engeln durch das Gewitter getragen werden (vgl. Psalm

91,12: *„... dass die Engel dich auf Händen tragen"*). Als das Flugzeug den Boden berührte, klatschten wir alle. „We barely made it!" (Wir haben's gerade noch geschafft!) hörte ich den Flugkapitän kurze Zeit später in der Halle sagen – er sprach mit jemand am Handy. Wir möchten so oft die Wunder Gottes erleben, aber keiner möchte in der Situation sein, eines zu benötigen. Ich war jedenfalls sehr dankbar, dass Gott so treu zu seiner prophetischen Verheißung stand und in schwierigen Situationen immer wieder Türen für uns öffnete.

Mit der Zeit lernte ich die Schlüssel auch für andere in schwierigen Situationen anzuwenden und sie zu ermutigen. Da war zum Beispiel diese junge norwegische Familie mit ihren drei noch sehr kleinen Kindern. Ich lernte sie in unserer „autofreien" Zeit kennen, wo wir öfter mal darauf angewiesen waren, dass uns jemand mitnahm.

Ich war zu diesem Zeitpunkt etwas in Eile und wollte schnell zu unserem Häuschen kommen, um für das Treffen unserer Kleingruppe noch etwas zum Essen vorzubereiten. So sprach ich den nächstbesten PKW-Fahrer an, der vom Bethel-Parkplatz losfuhr. Er fuhr einen weißen Truck (Pick-up) und schien vollbesetzt zu sein mit der eigenen Familie, Eltern und drei Kindern. Ich wollte mich schon abwenden, da nötigte mich der Fahrer buchstäblich ins Auto. Es hatte als typischer amerikanischer Truck auch vorne drei Sitzplätze.

Wir mochten uns alle sechs auf Anhieb, und so lud ich sie in unser Häuschen ein. Sie schienen jede Menge Zeit zu haben und erzählten mir ihre Geschichte. Obwohl sie erst im Juli von Bethel erfahren hatten, fühlten sie sich absolut hierhergezogen. Leider hatten sie nur das übliche dreimonatige Touristenvisum. Das hielt sie aber nicht davon ab, ein großes, aber auch sehr reparaturbedürftiges Haus in Redding zu kaufen. Gott hatte ihnen genau gezeigt, welches Haus sie erwerben sollten. Nun waren sie nach knapp drei Monaten an einem Tiefpunkt angelangt. Sie hatten noch längst nicht alle Reparaturen am Haus fertiggestellt, und in gut einer Woche war ihr Rückflug. Ihr Plan war eigentlich gewesen, jemand für das Haus zu finden, der dort einziehen und es Stück für Stück instand setzen würde und dafür darin wohnen konnte. Nun hatten sie versucht durch eine Ausreise nach Kanada ihr Visum wieder zu verlängern. Das war aber nicht so einfach möglich. Zwischendurch hatte auch ihr Handy versagt, das sie dringend für Anrufe nach Kanada benötigten.

Einerseits waren sie total am Ende und auf der anderen Seite doch immer noch so vertrauend auf Jesus. Das hat mich sehr bewegt. In diesem Moment erinnerte mich Jesus an die Schlüssel und meine Verantwortung, diese jüngere Generation freizusetzen. Mit den Norwegern zusammen nahm ich einen Schlüssel aus der Hand Jesu, und alles änderte sich schlagartig. Sie fanden sehr schnell geeignete Mieter für das Haus zu den genannten Bedingungen. Und auch sonst regelte sich noch manches. Eine Woche später flogen sie zurück nach Norwegen. In dieser Woche waren sie uns zu richtig guten Freunden geworden, mit denen wir noch heute in Kontakt sind. Das war nicht die einzige Geschichte, die wir mit ihnen und auch anderen Norwegern erlebten. Doch davon mehr im nächsten Kapitel.

09

Die Nationen begegnen sich

Zwar war es manchmal mit Englisch nicht so einfach, vor allem am Anfang, aber was hätten wir ohne diese Sprache im bunten Allerlei der Nationen, die sich in der BSSM trafen, gemacht? Es war ein Geschenk und eine gewaltige Bereicherung, mit Menschen aus so vielen Nationen in Kontakt zu kommen und plötzlich in fünf Kontinenten Freunde zu haben. Wie schon erwähnt, kamen von den insgesamt 850 Studenten im ersten Jahr ungefähr 250 aus anderen Nationen.

Ein besonderer Höhepunkt, bei dem die Nationen geehrt wurden und sich selbst vorstellen durften, war das *Festival of Cultures* (Fest der Kulturen). Viele Nationen boten an ihren Tischen kulinarische Spezialitäten ihres Landes an. Es war eine riesige Vielfalt rund um den Erdball, von Polen bis Singapur, von Brasilien bis Finnland. Später gab es eine bunte Palette an Liedern und Tänzen auf der Bühne. Den Tanz einer Mongolin in fernöstlicher Kleidung fand ich besonders schön. Den Abschluss bildeten Segensworte in so ziemlich allen Sprachen, die in Bethel „vertreten" waren, das dauerte eine ganze Weile.

Wenn die Nationen einander segnen ...

Ich habe dort ganz neu begriffen, was es bedeutet, wenn die Braut Jesu aus den Nationen zusammenkommt, gemeinsam anbetet und feiert und Leben miteinander teilt. Es war oft wie eine nochmals tiefere Ebene, auf der auch kulturelle Unterschiede keine Rolle mehr spielten. In der Bibel steht, dass „die Pracht und der Reichtum der Völker" in das himmlische Jerusalem gebracht werden (vgl. Off 21,26). Damit sind sicher nicht nur materielle Güter gemeint, sondern besonders der geistliche und kulturelle Reichtum, den Gott jedem Land anvertraut hat. Dass Länder oft Berufungen oder

Stärken haben, mit denen sie anderen Ländern dienen können, das wurde mir in Bethel sehr deutlich.

Einmal, als Ruth, eine junge Studentin aus England, für einzelne Studenten in der Revival Group betete und prophezeite, hatten wir in der Gruppe eine sehr gute Zeit miteinander. Als sie zu mir kam, berührten mich ihre Worte sehr tief. Plötzlich merkte ich, dass dieses Segensgebet noch eine andere Ebene hatte. Es fühlte sich an, als würde England für Deutschland beten. Ich spürte richtig, wie der Vater im Himmel seine Freude daran hatte. Dieses Gebet hatte eine besondere Kraft, die ich mir nicht so recht erklären konnte. Ich musste einfach nur lachen, weil Gott so viel Freude daran hatte.

Wir hatten in Bethel in Gottesdiensten oder im Unterricht nicht sehr viele Prophetien für Länder. Aber wenn wir welche hatten, dann oft für Deutschland, einmal auch für England und Deutschland gemeinsam. Dabei ging es um neue Aufbrüche (siehe Anhang: „Prophetisches Wort für Deutschland"). Gerade in der Ferne wurde mir bewusst, wie viel Segen Gott schon in Deutschland gewirkt hat – von Martin Luther bis zu Graf Zinzendorf und seinen Herrnhuter Brüdern und natürlich auch danach. Als diese Herrnhuter damals als Missionare, oft unter großen persönlichen Opfern, in alle Welt gingen, konnte man erkennen, welche väterliche Rolle Deutschland von Gott zugedacht war, andere Nationen zu Jüngern zu machen. Gott hat diese Berufung zur Vaterschaft, die sogar in der deutschen Nationalhymne erwähnt wird (Vaterland = Land der Väter), nie von Deutschland genommen, auch wenn sie in der Vergangenheit krass missbraucht wurde.

Als wir einmal einige Studenten zu einem Lobpreisabend in das Haus der im vorigen Kapitel erwähnten norwegischen Familie einluden, zeigte mir Gott noch einen anderen Zusammenhang. Wir sprachen über die Berufung dieses Hauses, ein Haus der Anbetung zu sein. Später beteten wir dafür, so wie es sich die norwegische Familie gewünscht hatte. Sie war leider schon längst abgereist. Ein kanadischer Student spielte Gitarre und wir alle stimmten in seine Lobpreislieder mit ein. Plötzlich konnte ich sehen, wie ein Strom der Heilung aus dem Vaterherzen Gottes floss und das Haus und die darin waren berührte. Es war, als würde der Kanadier zur Ehre Gottes über das Haus und seine Berufung singen.

Das Ahornblatt in der Flagge Kanadas steht für Heilung. Das hatte ich schon in Deutschland gehört, und Kanadier hier haben dieses prophetische Wort bestätigt. Unzählige Menschen sind seit 1994 in Toronto/Kanada und weltweit von diesem „Segen des Vaters" berührt worden und haben innere Heilung am Vaterherzen Gottes erfahren. Wie schön, dachte ich, dass ein Kanadier gerade hier in diesem Haus anbetet, natürlich zusammen mit uns anderen Nationen – in diesem Haus, das schon längere Zeit leer gestanden hatte und ein eher unguter Zufluchtsort für Heim- und Vaterlose war, eben für Leute, die kein Dach überm Kopf hatten. Die Norweger hatten uns von eingeschlagenen Fensterscheiben erzählt und wie bedrückend sich das Haus am Anfang angefühlt habe. Möge dieses Haus wirklich ein Ort werden, wo der Vater im Himmel die Herzen berühren und heilen kann!

Schon früher hatte mir Gott einen Regenbogen zwischen Deutschland und Kanada gezeigt als Zeichen der besonderen Verbindung dieser beider Länder. Das hat mich sehr berührt, weil es um das Vaterherz Gottes und um geistliche Vaterschaft in beiden Ländern ging. Wir hatten auch schon einige Male Bibelschüler aus John Arnotts *School of Ministry* (Schule des Dienstes) zu Hause in unserer Region zu Gast. Und ebenso besuchte eine große Anzahl junger Leute aus unserer Gegend in den letzten Jahren besagte Bibelschule in Toronto/Kanada. Das war schon daheim in Deutschland immer ein beeindruckendes Beispiel für mich gewesen, wie Nationen unter der Regie Gottes einander segnen und freisetzen können. Nun sah ich den Regenbogen auch zwischen Deutschland und Kalifornien und wusste, dass auch hier noch sehr viel Segen fließen würde (siehe Anhang: „Deutschland, Kalifornien/USA und Toronto/Kanada – Gottes besonderes Wirken in diesen drei Ländern").

Die Norweger

Je mehr ich mit Menschen aus anderen Ländern zusammenkam, umso mehr erkannte ich Gottes Wirken im Miteinander der Nationen. Jesus brachte seine Braut aus den Nationen zusammen, um ihren Horizont zu erweitern und den Blick füreinander zu öffnen. Die Norweger waren eine der ersten Nationen, über die wir ins Staunen kamen. Wie gehorsam und mutig unsere norwegischen Freunde das Haus gekauft und hergerichtet hatten! Ich dachte an die Zeit zurück, als unsere Kinder noch klein waren. Aber es überstieg mein Vorstellungsvermögen bei weitem, so ein Unternehmen mit ihnen zu wagen.

Die Norweger waren in Bethel zahlenmäßig sehr gut vertreten und wir lernten ständig neue kennen. Sie sind uns alle sehr ans Herz gewachsen. Bei Konferenzen kamen manchmal 100 oder mehr Leute aus Norwegen. Da gingen mitunter fast die Sitzplätze im Gottesdienstsaal aus.

Kurz nachdem wir die oben erwähnte norwegische Familie kennengelernt hatten, erinnerte uns Jesus an die Geschichte der beiden Länder, Deutschland und Norwegen, vor allem während des Zweiten Weltkriegs. Wir forschten nach Einzelheiten im Internet. Wir waren sehr betroffen, wie übel die Deutschen damals den Norwegern mitgespielt hatten und z. B. ihre ganzen Häfen eingenommen hatten. Sowohl die Norweger als auch wir kannten diese Zeit natürlich nur aus Geschichtsbüchern. Trotzdem baten wir sie an einem gemeinsamen Gebetsabend in ihrem Haus stellvertretend um Vergebung. Es war so ein ganz besonderer Moment, den Jesus manchmal schenkt, wo Vergebung sehr tief geht und wir so dankbar dafür sein dürfen. Wir segneten uns und unsere Nationen gegenseitig und weinten auch ein bisschen. Das war der „Königreich-Gottes-Umgang" der Nationen miteinander, das spürten wir deutlich. Es machte einfach Freude, diesem großen König zu dienen!

Später lernten wir noch eine andere norwegische Familie mit vier kleinen Kindern kennen! David und Unn waren wie wir Studenten an der BSSM. Ich konnte sie nur bewundern, wie ruhig und gelassen sie mit allen Schwierigkeiten des täglichen Lebens in einem fremden Land umgingen. „Nur wer im Sturm schlafen kann, hat auch Autorität über ihn!" – das hatte ich mal in Bethel gehört, und es traf voll auf diese beiden Familien zu. Auch diese zweite Familie, die wir leider erst gegen Ende unserer Studienzeit auf dem Einsatz in Mexiko näher kennenlernten, wurden schnell unsere engsten Freunde.

Die Schweizer

Eine weitere Nation, die von vornherein treu an unserer Seite war, uns mit Englisch und den Hausaufgaben half, uns ein Auto auslieh, als wir keines hatten, und vieles mehr ... waren die Schweizer. Eine Familie aus der Schweiz, die schon länger in Bethel beheimatet war, wohnte auf der gegenüberliegenden Straßenseite. So nah ist uns die Schweiz noch nie gewesen, scherzten wir manchmal mit ihnen. Zu Hause brauchen wir fast 2 Stunden in die Schweiz. Natürlich verband uns auch die gemeinsame Sprache.

Ich hatte vor Jahren einmal eine Predigt von einem Amerikaner gehört über die Schweizergarde, die in ihrer Treue und Verlässlichkeit symbolisch sei für das, was die Berufung der Schweiz in Gottes Sicht ausmacht. Und wir konnten das nur bestätigen. Diese Familie lud regelmäßig zum „Schweizer-Treffen" ein und war sicher ein guter Anlaufpunkt für neue Studenten auf der Suche nach Heimat und Orientierung.

Einmal halfen wir mit Schweizern zusammen bei einem Ehepaar-Tag in der Küche. Gerade diese Familie hatte uns und auch einige ihrer Landsleute darum gebeten. Doch bevor wir noch richtig zum Arbeiten kamen, wurden wir zusammen mit den anderen in den Saal gerufen und die Ehepaare und die Leiter dieser Veranstaltung bedankten sich bei uns und sprachen prophetische Worte über uns aus. Damit wollten sie uns ehren. Die Worte für meinen Mann und mich waren sehr zutreffend und trugen Gottes Kraft in sich. Wir waren vollkommen überrascht. Das war neu und beflügelte bei der Arbeit. Dem anderen sozusagen ein Geschenk zu machen durch ein prophetisches Wort, ihn zu ehren und zu ermutigen, das war einfach Bethel-Stil. (Aber vielleicht ist das auch sonst in amerikanischen Gemeinden so üblich. Die amerikanische Kultur ist da nach unserem Empfinden ohnehin etwas dichter an dieser Kultur der Ehre dran. Ich weiß, dass das bei uns in Deutschland mitunter als oberflächliche Freundlichkeit ausgelegt wird, aber wir empfanden es immer als sehr wohltuend.)

Israel

Wenn wir gerade beim Thema „ehren" sind: Eine Nation genoss immer besondere Ehre und Aufmerksamkeit in Bethel, und das war Israel. Bill und Beni Johnson lag das sehr am Herzen. Sie hatten offensichtlich sehr viele Verbindungen nach Israel. Gebet für das Land Gottes und seine Bewohner war immer ein Thema in Bethel. Immerhin trug die Gemeinde ja auch einen hebräischen Namen. Im Gebetshaus (Alabasterhaus) hing eine große israelische Flagge, und die „Watch of the Lord" (Gebetswache) war freitags immer Israel gewidmet. Ganz besonders beeindruckend war auch das Laubhüttenfest in Bethel. Es wurde mit leckerem Essen, Lobpreis und einem messianisch-jüdischen Gastredner im Freien auf dem Campusgelände gefeiert, zeitgleich mit dem biblischen Fest in Israel im September. Da konnte man schon leicht Sehnsucht nach Israel bekommen.

10

Gott ist kreativ

Kunst wurde sehr geschätzt und gefördert in Bethel: Malen, Tanzen, schauspielerische Darbietungen, *face painting,* Kunst mit Luftballons usw. Kunst wurde in mancher Hinsicht als der verloren gegangene Schatz der Kirche empfunden, den es wiederzuentdecken galt. Wer sich einen Überblick verschaffen wollte, konnte das am besten bei einem „Arts in Motion"-Abend (Künste in Bewegung) tun. Dort gab es viele Gemälde zu bewundern, in verschiedensten Techniken und Stilrichtungen, aber auch einen Tisch, an dem man sich schminken lassen konnte, sowie eine Ecke mit Mode. Die Kunst des Schreibens konnte man unter Anleitung einüben oder in der Kochkunst-Ecke Leckereien probieren. Zwischendurch wurden auf der Bühne Tänze vorgeführt oder es gab musikalische Darbietungen. Außerdem gab es noch eine Ecke für „Filme drehen" und für Innenarchitektur. Die verschiedenen Themenbereiche wechselten auch manchmal. Die Botschaft war klar: Gott ist kreativ. Er hat Freude daran, und deshalb sind auch seine Kinder kreativ, und zwar in allen Lebensbereichen.

In jedem Gottesdienst waren, abgesehen von Lobpreisband und oft auch Chor, Künstler aktiv. An zwei bis vier Staffeleien wurde prophetisch gemalt und oft auch auf der Bühne getanzt. In den Hauptgottesdiensten waren zusätzlich Flaggenschwinger dabei. Es war ein beeindruckendes Bild, wenn Töne, Farben und Bewegungen sich zur Ehre Gottes in einer lebendigen Symphonie fanden.

Manche Bilder enthielten Botschaften zum Thema des Lobpreises oder was Gott der Gemeinde in diesem Moment sagen wollte. Andere sprachen eher einzelne Menschen in ihrer Situation oder Persönlichkeit an, und so trug mitunter jemand sein prophetisches Wort nicht schwarz auf weiß, sondern in Farbe unterm Arm nach Hause.

Die offenbarende Kraft der Kunst

Die prophetische oder offenbarende Kraft der Kunst wurde sehr bewusst eingesetzt. Was bedeutet das ganz praktisch? Wir sind von Gott als sehr kreative Wesen geschaffen, und wenn wir in welcher Weise auch immer kreativ bzw. künstlerisch aktiv werden, bilden wir Gottes Wesen ab. Wir bauen damit Menschen eine kreative Brücke zu ihrem Schöpfer, der sie heilen oder zur Umkehr leiten möchte, und berühren ihr Herz noch auf eine andere Weise, als Worte es vermögen. Andererseits beten wir unseren himmlischen Vater mit Musik an, berühren sein Herz und machen zu seiner Ehre im Tanz oder beim Malen ein Stück der Größe und Herrlichkeit Gottes sichtbar.

Eine sehr gute Beschreibung, welche Aufgabe Kunst im Reich Gottes haben kann, fand ich in Beni Johnsons Buch „Der glückliche Fürbitter": „Was unsere Künstler betrifft, so ermutige ich sie, durch ihre Kunst zum Ausdruck zu bringen, was im Geist gerade geschieht. Stets darauf bedacht, das Unsichtbare zu erfassen, wenn wir aus der Perspektive des Himmels malen, fangen wir an, Gottes Heilung und Befreiung freizusetzen. Wir lernen es, durch ein Zusammenspiel von Tönen, Farben und das Malen von Bildern eine Atmosphäre zu schaffen, sodass Engel sich bei uns wohlfühlen. Mein Wunsch ist es, durch die Kunst Gottes Herz und Wahrheit zu offenbaren ... Manche Künstler ‚laden' Farben vom Himmel ‚herunter' und fangen an, sie in die Atmosphäre hinein freizusetzen und erfassen so, was in der übernatürlichen Welt geschieht." [1]

Als ich diese Zeilen zum ersten Mal las, wurde mir bewusst, was das für mich selbst bedeutet. Ich habe sehr viel Freude am Flaggentanz. Klar, dass ich mich in Bethel inspiriert fühlte und eine neue Freisetzung dieser „Kunst" erlebte. Manches Mal habe ich mich aber schon gefragt, warum ich Flaggen in ganz bestimmten Farben nähen wollte, die ich beim Tanz zudem noch kombinieren konnte. Mehr und mehr lernte ich, dass durch diesen „Tanz mit den Farben" eine ganz bestimmte Atmosphäre freigesetzt bzw. verstärkt wurde. Dies konnte in die Anbetung, aber auch in Fürbitte, Heilung oder Freisetzung hineinführen.

Die Studenten-Gottesdienste am Freitagabend waren in dieser Hinsicht wunderbare Lernfelder. Oft beteten auf der Bühne Studenten

---

[1] Beni Johnson, *Der glückliche Fürbitter,* GloryWorld-Medien 2010, S. 135.

verschiedener Nationen und Kontinente füreinander oder für ihre Nationen und sprachen laut aus, was Gott ihnen prophetisch zeigte.

Als wir einmal für Erweckung (Feuer) und Erfrischung (Wasser) für Kalifornien beteten, bat mich der Leiter, das mit meinen Flaggen zu tanzen. Ich hatte schon den ganzen Abend immer wieder mit einer orangefarbenen und einer blauen Flagge, kombiniert mit Gold, getanzt. Es war unglaublich, wie tief dieser Fürbittetanz in diesem (vorbereiteten) Moment ging und wie stark Gottes Gegenwart spürbar war. Mit Worten hätte ich das niemals so ausdrücken können. Danach gingen wir alle für unser Gastland in Fürbitte, der später in Lobpreis überging. Es machte einfach Freude in der Familie Gottes mit dabei zu sein, im Strom Gottes mitzufließen.

Kreativ unterwegs

Wie bereits erwähnt, ging jeder Student der BSSM einmal in der Woche mit seinem Team auf die Straßen oder in öffentliche Gebäude bzw. in die Supermärkte Reddings, um die Menschen mit Gott zusammenzubringen. Es ging darum, die Menschen dort abzuholen und

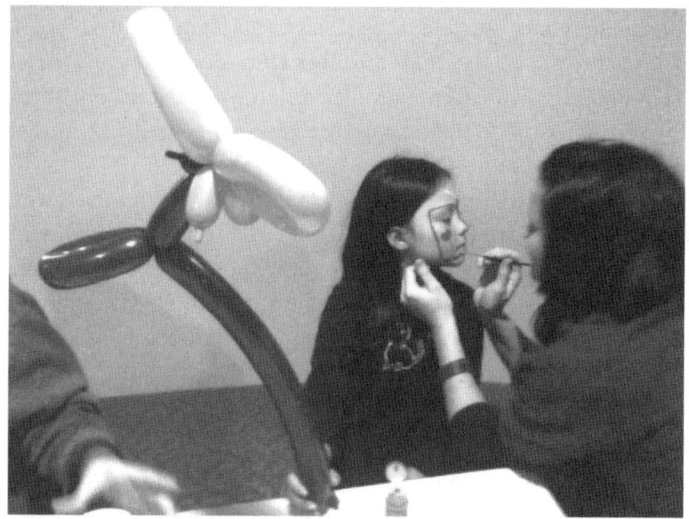

Unsere „Prophetic Arts"-Gruppe unterwegs in Redding:
Face painting und „Blume" aus Luftballons

anzusprechen, wo sie sich in ihrem Alltag gerade befanden: beim Einkaufen, auf dem Spielplatz, in der Bücherei, im Altenheim etc.

Wir hatten uns für *Prophetic Arts* (prophetische Kunst) beworben. Diese Einsätze mit dem *Prophetic Arts Team* in Redding waren ein reiches Betätigungsfeld für unsere Kreativität, nicht nur rein künstlerisch. Es war ja immer eine gewisse Herausforderung, Menschen anzusprechen, die man nicht kannte, um mit ihnen in Kontakt zu kommen. Vor jedem dieser Einsätze trafen sich die Teams zur Besprechung und Vorbereitung oder hörten Zeugnisse vom letzten Mal. Manchmal malten wir prophetische Bilder, die wir dann in der Stadt jemand schenkten und ihm das Bild erklärten. Manchmal bereiteten wir auch kleine Geschenke vor, die wir Leuten bei der Arbeit, z. B. Kassiererinnen in Supermärkten, überreichten und mit denen wir unsere Wertschätzung für ihren Einsatz ausdrücken wollten. Hin und wieder ergab es sich, dass wir dann für Menschen beten durften, weil sie das Geschenk oder das Bild so berührt hatte.

Ganz besonders Kinder mit ihren Muttis hatten Freude an solchen Einsätzen. Einmal waren wir in der Vorweihnachtszeit in einer öffentlichen Bücherei eingeladen. Wir hatten Farben für *face painting* (Bemalen des Gesichtes), allerlei Luftballons, um damit Figuren zu gestalten, und sogar einen Nikolaus mit Gitarre dabei (ein verkleideter Student). Bald versammelten sich die Kinder mit ihren Muttis in unserer Ecke, hörten dem Nikolaus zu und ließen sich das Gesicht bemalen. Kleine Mädchen bekamen u. a. eine Krone geschenkt, kleine Jungs ein Schwert, jeweils geformt aus langen, dünnen Luftballons. Dabei erklärten wir ihnen, wie sehr Gott sie liebt und dass sie seine kleinen Prinzessinnen und Prinzen seien. Mit manchen der Kinder bzw. deren Mütter kamen wir ins Gespräch und konnten gezielt ermutigende Worte von Gottes Herzen in ihr Leben hineinsprechen. In einem fremden Land, einer anderen Kultur kann man vieles lernen und ausprobieren, empfand ich, was zu Hause vielleicht eher ungewöhnlich war. Das positive Feedback vieler Menschen auf der Straße ermutigte mich.

Kreativität spielte aber nicht nur bei diesen Einsätzen in der Stadt eine Rolle, sondern auch an einem Ort, wo ich es zunächst gar nicht vermutet hätte: beim Gebet für Kranke in den *Healing Rooms*. Das nächste Kapitel berichtet davon.

11

Healing Rooms:
Gottes Familie in Aktion

Die *Healing Rooms* (Heilungsräume) wurden sehr schnell zu meinem „Lieblingsplatz", was den Dienst bzw. die Mitarbeit in Bethel anbelangte. Der ursprüngliche „Erfinder" dieser Healing Rooms war der amerikanische Afrikamissionar John G. Lake. Er hatte sie nach seiner Rückkehr aus Afrika vor ca. 100 Jahren in der amerikanischen Stadt Spokane im US-Bundesstaat Washington eröffnet. Kranke Menschen konnten zu bestimmten Zeiten in die Räume der Gemeinde bzw. sonstige angemietete Räumlichkeiten kommen, um dort Heilungsgebet zu empfangen. Er war damit so erfolgreich, dass diese Stadt zeitweise als die gesündeste in ganz USA galt. Healing Rooms gibt es seit etlichen Jahren auch in Gemeinden in Deutschland. Auch die Healing Rooms in Spokane sind inzwischen wieder eröffnet worden.[1]

In den Healing Rooms, die jeden Samstagmorgen geöffnet sind, wird die erbarmende Liebe Gottes und seine Freude zu heilen so richtig sichtbar. Es werden bewusst Künstler – neben einer Lobpreisband hauptsächlich Maler und Tänzer – eingesetzt, deren künstlerisches Schaffen unter der Leitung des Heiligen Geistes sehr zur Heilung kranker Menschen beiträgt.

Manchmal hatten die Künstler während der Öffnungszeiten der Healing Rooms noch eine kleine Ausstellung im Foyer. Ich kam einmal dazu, als eine Künstlerin hier ihr Bild erklärte. Es war eine leicht abstrakt gestaltete Landschaft in Gold, Grün und verschiedenen Blautönen mit Flüssen bzw. Strömen, die in einen See oder Teich mündeten, darüber stand in Goldbuchstaben das Wort „hope" (Hoffnung). Als sie das Bild vor ein paar Monaten gemalt hätte, wäre

---

[1] Vgl. Cal Pierce, *Eine Vision für Heilungsräume,* GloryWorld-Medien 2012.

eine Frau so sehr davon berührt gewesen, dass sie durch das Bild ganz neu an göttliche Heilung hätte glauben können. Tatsächlich wurde bei dieser Frau kurz darauf die Heilung ihrer Krebserkrankung festgestellt. Das ist sicherlich kein Einzelfall in den Healing Rooms. Doch es war nicht immer so.

Die Geschichte der „Bethel Healing Rooms"

Die Healing Rooms starteten schon vor etlichen Jahren, so wurde uns am Einführungsabend erklärt, weil es bei Konferenzen und Gottesdiensten so viele Gäste gab, die gern Heilungsgebet empfangen wollten. Doch schon nach wenigen Monaten wurden sie wieder geschlossen. Der Grund: zu wenige Heilungen. Natürlich bedrängten die Mitarbeiter Gott wegen einer Antwort auf dieses Problem. Sie war einfach und überraschend zugleich. Jesus erklärte ihnen, dass ihr Fokus falsch sei. Sie ließen die Leute über ihre Krankheitsgeschichten berichten, und je länger das ging, umso mehr sank der Glaube der Mitarbeiter. Zum Schluss waren sie betroffen und beeindruckt über das, was die Krankheit angerichtet hatte, anstatt an die Kraft und Güte Gottes zur Heilung und Wiederherstellung zu glauben. Deshalb geschahen so wenige Heilungen.

Jesus gab ihnen nun eine ganz andere Ausrichtung. Er erklärte ihnen, dass jede Heilung aus der Gegenwart Gottes geradezu herausfließen würde. Sie sollten einfach nur feiernd und fröhlich in seine Gegenwart kommen und so viel Freude und Erfüllung mit dem Heiligen Geist wie nur möglich empfangen. Gott selbst in ihrer Mitte würde dann heilen. So starteten sie nochmals das Projekt Healing Rooms. Dieses Mal jedoch eröffnete jeden Morgen eine fröhliche Anbetungszeit in der Gegenwart Gottes die Heilungsgebete, wo zur Ehre Gottes und zur Freude der Menschen gemalt, getanzt, gesungen und musiziert wurde. Und nun geschahen immer mehr Heilungen, wovon gleich noch zu berichten sein wird. Heute dienen dort mehrere hundert Mitarbeiter, BSSM-Studenten eingeschlossen.

Healing Rooms, das sind neben dem Empfangsbereich der Heilungssuchenden im Foyer genau genommen zwei Räume: der sogenannte Encounter Room (Raum der Begegnung) und der eigentliche Gebetsraum. Den „Raum der Begegnung" würde man in einer

Arztpraxis als das Wartezimmer bezeichnen. Diese Bezeichnung haben sie jedoch schnell wieder abgeschafft, weil viele kranke Menschen dort schon auf so intensive und heilende Weise Gott begegnen, dass Gebet manchmal gar nicht mehr nötig ist. Gerade in diesem Raum der Begegnung ist Kunst voll im Einsatz in Form von Lobpreisband, Maler und Tänzer. Meine Mitarbeit fand im anderen Raum statt, wo Dreier- oder Viererteams für Kranke beteten. Die Musik wurde dorthin übertragen und auch hier gab es Maler und Tänzer. Die Atmosphäre im Raum der Begegnung gefiel mir besonders gut. In kleinen Pausen während der Heilungsgebete ging ich oft hinüber; das berührte mich immer sehr.

Healing Rooms – mein Lieblingsplatz

Die Heilungen, innere wie äußere, die ich in den Healing Rooms erlebte, und auch wie sie manchmal geschahen, gehören mit zu meinen eindrücklichsten Erinnerungen an die Zeit in Bethel. Die Heilungswünsche reichten von Schmerzen und Problemen im Körper über psychische Nöte und Krankheiten bis hin zu „defekten" Ehen oder Heilung von Scheidungswunden. Es wäre sicherlich oft bedrückend gewesen, diese geballte Ansammlung von Not zu erleben. Aber aus der Freude und Gegenwart Gottes heraus war es ein fröhlicher Dienst, so unglaublich das auch klingen mag. Oft gingen innere und äußere Heilung Hand in Hand. Wir erlebten nicht immer Heilung, aber oft zumindest den Beginn einer Heilung.

Was mir auffiel: Menschen, die sich auf die Gegenwart und Freude Gottes einlassen konnten, auch wenn sie manchmal erst nach einiger Zeit so richtig darin eintauchten, erfuhren öfters Heilung als solche, die mehr „distanziert" wirkten. Nicht selten erlebten wir eine komplette Wiederherstellung und Veränderung der gesamten Persönlichkeit des Hilfesuchenden.

Ich erinnere mich an einen jungen Mann aus England, der wegen körperlicher Heilung kam. Er hatte eine weite Reise hinter sich und wollte einfach so viel wie möglich von Gott empfangen. Mit geschlossenen Augen und offenen Händen stand er in unserer Mitte. Ich war damals ganz neu in der Mitarbeit und staunte, was nach dem einfachen Heilungsgebet des Leiters unseres kleinen Gebetsteams passierte. Plötzlich lag der Mann am Boden, die Kraft Gottes ruhte so stark auf ihm. Es kam uns so vor, als würden die starken Arme unseres himmlischen Vaters ihn halten, während er mit ihm einige Phasen seines Lebens durchging. Immer wieder ermutigte ihn unser Teamleiter, bestimmten Menschen zu vergeben, so wie es Gott dem jungen Mann zeigte. Es war eine kurze, aber sehr intensive Zeit der Heilung und Wiederherstellung.

Immer wieder kamen, wie es dort in den Healing Rooms so üblich war, Fürbitter vorbei, die für uns beteten und dabei z. B. Hände auf unsere Schultern legten und uns auf diese Weise unterstützten. Das fand ich enorm hilfreich und ermutigend. Manchmal kamen auch die Leiter vorbei und ermutigten uns. Gelegentlich berichteten sie über Mikro von den momentan im Raum stattfindenden oder stattgefundenen Heilungen. Es war nicht nur ein Dienst, sondern eine Familienangelegenheit. Gottes Familie arbeitete sehr gelungen zusammen und setzte sich wechselseitig frei. Die Atmosphäre war immer gelassen und fröhlich. Als der Mann dann schließlich vom Boden aufstand, sich bedankte und unser Team verließ, meinte eine andere Beterin unseres Teams ergriffen: Er hat sich so verändert, er ist ein ganz anderer Mensch, so gereift! Sie hatte recht.

Ein anderes Mal kam eine ältere Dame aus Wales (Großbritannien), die mit ihrem Mann angereist war, zum Gebet. Sie hatte Krebs. Wir beteten für sie und hüllten sie in die heilende Liebe Gottes ein. Der Tumor war irgendwo in den inneren Organen und man konnte eine Heilung nicht so leicht nachprüfen. Ich spürte, dass Jesus ihr sagen wollte, sie sei seine Braut und dürfe sich einfach in seine Arme fallen lassen. Als äußeres Zeichen legte ich ihr eine meiner selbst genähten Flaggen wie ein Tuch um die Schultern (ohne Flaggstock). Es war ein weiß und leicht silbern glänzender Stoff mit einer aufgestickten Taube. Sie war sehr berührt, und als sie ging, schenkte ich ihr das Tuch. Als ich mich umdrehte, sah ich auf der Bühne eine Malerin, die gerade das Bild einer wunderschönen Taube, die mit ausgebreiteten Flügeln aus einer Wolke flog, fertig gemalt hatte. Die Taube sah meiner gestickten total ähnlich, obwohl die Künstlerin mein Tuch nicht hatte sehen können. Ich betrachtete das Bild eine Weile und freute mich sehr über die „gute Zusammenarbeit" der Familie Gottes.

Manchmal, aber eher selten, hatte ich den Impuls, mit den Tüchern für Menschen zu tanzen, während die anderen im Team beteten. Das war irgendwie ein besonderer Moment. Es schien etwas von der Kraft und der Freude freizusetzen, die der himmlische Vater in diesem Moment der kranken Person zukommen lassen wollte. Es war so unkompliziert in den Healing Rooms, auch wenn man „verrückte" Ideen hatte, das gefiel mir. Menschenfurcht hatte keinen Raum, alle waren wir glücklich in der Gegenwart unseres himmlischen Vaters. Das schuf auch für die Kranken, die kamen, eine Atmosphäre des Glaubens und der Hoffnung. Manchmal ertönte sogar ein Schofar (israelisches Widderhorn).

Immer wieder kamen Menschen mit Schmerzen in den Schultern oder den Armen und wurden oft geheilt. Zumindest verschwand der Schmerz. Ich hatte noch Monate nach meinem Radsturz Probleme in Armen und Schultern. Manchmal war es deshalb schon eine Herausforderung, für andere zu beten, obwohl ich selbst noch nicht ganz wiederhergestellt war. Was mir aber mit der Zeit auffiel: Samstagnachmittags (nach den Healing Rooms) stellte ich die meisten Fortschritte in meiner Heilung fest. Ich konnte plötzlich Bewegungen machen, die einen Tag zuvor noch nicht möglich waren. Als ich noch nicht Mitarbeiter bei den Healing Rooms war und einmal eine Weile in besagtem Gebetsraum saß, um den Malern zuzuschauen, spürte ich sehr stark die heilende Gegenwart Gottes. Ich konnte meinen Arm plötzlich (fast) schmerzfrei über dem Kopf ausstrecken, zum ersten Mal seit meinem Radunfall.

Einmal kam ein Großvater (76 Jahre) mit seinem erwachsenen Enkel zu uns zum Gebet, beide aus Neuseeland. Wir beteten zuerst für den Großvater und er wurde sehr berührt. Er merkte, dass er in seinem Leben Dinge loslassen musste, manches hing auch mit Vergebung zusammen, ehe er Heilung empfangen konnte.

Das war übrigens häufig so. Ich besuchte inzwischen den SOZO-Kurs, wo es um innere Heilung, also Heilung der Seele von Verletzungen, Bitterkeit usw. unter der Anleitung von Jesus ging. Das war ein spannender Bereich und ich konnte manches davon gleich bei den Heilungsgebeten anwenden. Wenn es beim Gebet für die Kranken deutlich mehr um den Bereich von innerer Heilung ging, stand auch ein SOZO-Team bereit, zu dem die Leute gehen konnten.

Der Großvater tauchte richtig in die Gegenwart Gottes ein und erfuhr schrittweise viel innere und äußere Heilung. Als wir danach für seinen Enkel beteten, waren wir sehr erstaunt, wie leicht und schnell das ging. Der Großvater hatte ihm schon den Weg geebnet, so schien es uns. Um einiges brauchten wir gar nicht mehr zu beten – er hatte bereits empfangen. Darüber musste ich noch lange nachdenken: Wie leicht manchmal die ältere Generation durch Demut und Vergebungsbereitschaft der oder den jüngeren Generationen den Weg bahnen kann. Von einem persönlichen Durchbruch profitieren auch noch kommende Generationen, so wie Gott es in seinem Wort verheißt.

Ein anderes Mal waren wir gerade im Team ins Gebet für jemand, der Hilfe suchte, vertieft, als ich beim Nachbarteam eine gewisse Aufregung wahrnahm. Ich schaute hinüber und erkannte, dass einige amerikanische Studenten für einen bekannten geistlichen Leiter aus dem deutschsprachigen Raum beteten. Irgendwie waren sie sich nicht sicher, ob er sie verstanden hatte. Ich entschuldigte mich bei meinem Team und ging zu dem anderen Team hinüber, vielleicht brauchten sie mich zum Übersetzen. Als ich in das schon ältere Gesicht dieses großen Mannes Gottes schaute, erinnerte ich mich wieder an all den Segen, den ich durch ihn und seine Leute an Konferenzen und Seminaren empfangen hatte. Er stand einfach nur lächelnd und mit geschlossenen Augen da und genoss Gottes Gegenwart. Deshalb waren sich die anderen nicht sicher, ob er sie verstanden hatte. In diesem Moment gab mir Gott ein wundervolles prophetisches Wort für ihn, und wenigstens für dieses eine Mal durfte ich ihm etwas von dem empfangenen Segen zurückgeben. Woanders hätte ich mich das vielleicht gar nicht getraut, aber hier war das alles sehr einfach – eingebunden in Gottes Familie.

In den vier Monaten, als ich in den Healing Rooms im Gebetsdienst war, habe ich auch vieles über die Zusammenwirkung der Geistesgaben ganz praktisch gelernt, vor allem wie prophetisches Wort, Wort der Erkenntnis und Heilungsgabe in einem Gebetsteam zusammenwirken können. Mit den Geistesgaben ist es auch nicht anders als mit den natürlichen Gaben: Man wächst darin nur, wenn man sie anwendet und einübt. Das zeigt auch die folgende Geschichte.

Eine „Löwen"geschichte

Manchmal trafen wir Leute, für die wir um Heilung gebetet hatten, in den Gottesdiensten wieder und sie berichteten, dass die Heilung erst in den folgenden Stunden oder Tagen eingesetzt hätte. Das war immer sehr spannend und ermutigend. Einer davon war Brian (Name geändert). Er kam mit seiner Frau in die Healing Rooms. Er hatte Probleme an seiner rechten Körperhälfte, besonders am Knie und an der Hüfte, und konnte nicht besonders gut gehen. Beiläufig erwähnte er, dass es ihm wohl jetzt so ergehe wie seinem Vater. Der habe dasselbe gehabt, nur noch stärker und schon in viel jüngeren Jahren. Er hatte seinen Vater nur krank und gebrechlich in Erinnerung. Wir wollten gerade für ihn um Heilung beten, als ich von Gott den Impuls bekam, ihn zu fragen, wie er sich als kleiner Junge bzw. Jugendlicher mit seinem kranken Vater gefühlt habe. Die Frage wühlte ihn plötzlich sehr auf, und das anschließende Gebet um innere Heilung und Vergebung dem Vater gegenüber ging sehr tief. Gott nahm viel Verhärtung und Bitterkeit aus seinem Herzen, und wir beteten dann noch um körperliche Heilung. Anschließend sollten wir noch für seine Frau beten, doch irgendwie empfanden wir, dass seine Heilung auch ihre Heilung sein würde, und sprachen ihr das zu.

Ich hatte dann noch ein Bild für ihn: Ich sah einen Löwen, der durch die Dunkelheit in großen Sätzen zum Thron Gottes sprang. Dort verwandelte er sich in einen kleinen Jungen und krabbelte auf den Schoß des himmlischen Vaters. Gott hatte ihm wohl große Autorität anvertraut, aber gleichzeitig sollte er bei ihm zur Ruhe kommen. Das Bild sprach ihn sehr stark an. Wie ich denn auf den Löwen käme? Er habe ein Buch gelesen mit diesem Titel, das verstand ich jedenfalls. Der Hintergrundlobpreis war in diesem Moment sehr laut. Auf jeden Fall ging es in diesem Buch symbolisch um einen Löwen, und das Buch war ihm sehr wichtig.

Am darauffolgenden Sonntag traf ich die ganze Familie nach dem Gottesdienst. Das Ehepaar war auf Besuch bei ihrer Tochter, die BSSM-Studentin war. Ganz besonders die Tochter bedankte sich ausdrücklich. Sie hätte schon lange nicht mehr so tiefe Gespräche mit ihrem Papa geführt. Auch sie alle zusammen als Familie hätten gestern nach den Healing Rooms so viele klärende Gespräche gehabt, auch die Eltern untereinander. Der Papa sei so verändert. Er selbst bestätigte das freudestrahlend. Vor allem aber hatte Gott mittlerweile begonnen, ihn körperlich zu heilen. Es sei schon so viel besser.

Am darauffolgenden Montag traf ich die ganze Familie noch einmal. Es war die *graduation,* die Abschlussfeierlichkeiten für uns Studenten am Ende des Schuljahres. Die große Stadthalle von Redding war gefüllt mit schick gekleideten und fröhlichen Menschen, bestimmt an die 1200. Viele hatten Besuch von ihren Familien bekommen, um den feierlichen Abschluss des Studienjahres gemeinsam zu feiern. Brian war ganz glücklich über die immer noch weiter fortschreitende Heilung.

Irgendwie hatte ich es auf dem Herzen, ihn zu fragen, ob er Pastor sei. Er bejahte und erklärte mir, dass er das Buch über den Löwen in seiner Eigenschaft als Pastor und Seelsorger geschrieben habe. Ach du meine Güte, er selbst war der Autor dieses Buches, deshalb hatte ihn das Bild mit dem Löwen so angesprochen! Er lachte und zog ein Exemplar seines Buches aus der Tasche, das er mir schenkte, selbstverständlich mit Grußwort und Autogramm.

An diesem Abend saß ich noch eine ganze Weile sehr nachdenklich und ehrfürchtig auf meinem Bett. Wie exakt dieses prophetische Wort bzw. Bild war, das mir Gott gegeben hatte! Mir wurde die Verantwortung, die diese prophetische Gabe mit sich brachte, plötzlich sehr bewusst. Außerdem staunte ich wie so oft, wie Heilungsgebet und prophetische Gabe zusammenwirkten. In den *Healing Rooms* habe ich so viel gelernt.

12

SOZO – Heilungsraum
für den inneren Menschen

Das oben erwähnte SOZO (siehe Anhang: „SOZO Ministry") war schon fast ein geflügeltes Wort in Bethel. „Hattest du schon ein SOZO? Da musst du mal hingehen, das ist super" war der wohlgemeinte Rat von anderen Studenten. Gemeint war damit ein Seelsorgegespräch oder sollte man vielleicht lieber sagen ein „Erlebnis", wo es gezielt um Heilung und Freisetzung des inneren Menschen ging unter der bewussten Leitung des Heiligen Geistes. SOZO war ein Teil des Dienstes im Transformation Center (Zentrum für innere Heilung und Transformation). Das Wort SOZO (Sothä) stammt aus dem Griechischen und seine Verwendung im Neuen Testament bezeichnet eigentlich den gesamten Dienst Jesu: retten, heilen und befreien. Im SOZO-Kurs wurden wir mit bestimmten Tools (Werkzeugen, Hilfsmitteln) vertraut gemacht, die sich in diesem Zusammenhang als besonders hilfreich erwiesen hatten. Dabei betonten sie sehr, dass sie bestimmte Tools von Gott gezeigt bekommen hätten, mit denen sie gut arbeiten konnten. Woanders mögen es andere sein. Sie erhoben keinen Anspruch auf Allgemeingültigkeit.

Eines davon war die sogenannte *Father Ladder* (Vater-Leiter). Ich fand sie besonders aufschlussreich im Hinblick auf die Dreieinigkeit Gottes in Bezug auf die Familie. Deshalb möchte ich dieses Tool etwas ausführlicher vorstellen.

Wir sind Wesen, die aus drei Komponenten bestehen: Körper, Seele und Geist. Jeder dieser Bereiche unseres Wesens hat spezielle Bedürfnisse. Der Körper braucht Identität, Sicherheit und Schutz. Die Seele braucht Kommunikation und freundschaftliche Beziehungen. Der Geist braucht Trost, Nahrung und Lehre/Belehrung. Auch eine Familie besteht aus drei Teilen: Vater, Mutter und Geschwistern (oder Freunden), die für eine gesunde Entwicklung des Kindes entscheidend sind. Der irdische Vater sorgt für Bedürfnisse des Körpers, gibt Schutz und hilft seinen Kindern bei der Entwicklung ihrer Identität. Darin gleicht er dem himmlischen Vater. Wenn der Vater versagt, entstehen die typischen Vaterwunden: Unsicherheit über meine Identität, Gefühl von Schutzlosigkeit oder Ablehnung (bei distanzierten Vätern) usw. Dieses Versagen übertragen Kinder oft auf Gott. Sie denken, dass ihr himmlischer Vater genau so ist wie ihr irdischer und sie im Zweifelsfall z. B. im Stich lässt. Die Wiederherstellung der Beziehung zu unserem irdischen Vater durch Vergebung und die heilende Gnade Gottes bringt deshalb auch die Beziehung zu unserem himmlischen Vater auf eine neue Ebene.

Entsprechendes gilt für Jesus. In der Bibel steht, dass er unser bester Freund ist, mit dem wir über alles reden können. Da er für unsere Sünde gestorben ist und als Mensch auf dieser Erde lebte, können wir uns ihm oft am leichtesten anvertrauen verglichen mit dem Vater und dem Heiligen Geist. Wenn Geschwister oder Freunde uns herablassend behandelt haben oder wir ihnen nicht vertrauen konnten, übertragen wir das unbewusst auf Jesus. Auch hier kann uns Vergebung Geschwistern und Freunden gegenüber in eine tiefere Beziehung zu Jesus hineinführen.

Der Heilige Geist ist in der Bibel unser Tröster (vgl. Joh. 14,26) und der, der uns lehrt. Mütter haben eine ganz ähnliche Rolle. Wenn ein kleines Kind Trost braucht, rennt es zur Mama. Wenn Mütter keine Zeit für ihre Kinder haben oder sie zu sehr kontrollieren und ihnen nicht genügend Freiheit gewähren, haben diese Kinder als Erwachsene in ähnlicher Weise Angst, zu sehr von Gott und besonders dem Heiligen Geist „kontrolliert" zu werden. Sie reagieren häufig mit Flucht oder einem distanzierten Verhalten. Übrigens hatte kein Geringerer als Zinzendorf schon früh diese Dimension des Heiligen Geistes erkannt: Er nannte es das „Mutteramt" des Heiligen Geistes[1] und berief sich dabei auf Luther und dessen Auslegung von Jesaja 66,13 *(„Ich will euch trösten, wie einen seine Mutter tröstet").*

So könnte man also zusammenfassend sagen: Eine Wunde oder Verletzung in den Beziehungen zur Herkunftsfamilie kann den Blick auf den dreieinigen Gott verstellen. Von unseren Toronto-Bibelschülern, die ich schon früher erwähnt habe, lernte ich manches

---

[1] Vgl. Erika Geiger, *Nikolaus Ludwig Graf von Zinzendorf,* Hänssler 2009, S. 235.

über das Vaterherz Gottes und wie wichtig Vergebung und Versöhnung mit den irdischen Eltern ist. Trotzdem war vieles in dieser SOZO-Lehre neu und sehr interessant für mich. Es ließ mir die *Healing Rooms* nochmals in einem neuen Licht erscheinen. Der Ort, wo ich mich so wohl fühlte, weil dort „Familie Gottes" in Freiheit und Freude Hilfesuchenden diente, war auch gleichzeitig der umfassend heilende „Familienort" für alle Kranken – ob ihnen das nun bewusst war oder nicht.

Nachdem ich diese Lehre gehört hatte, empfand ich oft, dass Gott Vater, Sohn und Heiliger Geist bei unseren Gebeten in den Healing Rooms wie eine Familie um den Kranken waren, ihn heilten, befreiten, trösteten und ihn oft auch wieder „in die Familie" zurückholten. Jetzt konnte ich auch die tiefere Bedeutung der Aussage verstehen, dass wir mit unserer Wiedergeburt in die Familie Gottes hineingeboren werden. Gemeint ist natürlich beides: die irdische Familie (Gemeinde) und die „himmlische Familie" (Dreieinigkeit Gottes).

Reich Gottes an sich bekam eine ganz neue Dimension für mich. Das erinnerte mich an die Reise, die Judy Franklin in ihrem Buch „Experiencing the Heavenly Realm" (Den himmlischen Bereich erleben)[2] beschreibt. Sie gehört zum Mitarbeiterstab von Bethel und ist die persönliche Sekretärin von Bill Johnson. Während des Unterrichts hat sie einmal über besagten himmlischen Bereich gelehrt. In ihrem Buch beschreibt sie, dass sie sich oft in Visionen auf dem Schoß des Vaters sitzen sieht bzw. mit ihm in einen wundervollen Garten geht, wo er ihr vieles über ihr Leben und seine Beziehung zu ihm erklärt.

Es begann alles damit, dass sie vor etlichen Jahren bei einer Konferenz in Toronto/Kanada in besonderer Weise dem himmlischen Vater begegnete. Sie bat den Vater, ihr mehr von sich zu offenbaren. Daraufhin sah sie eine Brücke, die die Kluft zwischen dem Reich der Finsternis und dem Reich des Lichts „überbrückte". Jesus selbst war diese Brücke. Auf der Brücke standen viele Menschen, die aber ganz zufrieden waren, dort zu sein. Sie kannten Jesus und hatten Errettung und Sündenvergebung erlebt, aber sie gingen nicht weiter. Sie sah sich selbst am anderen Ende der Brücke stehen, schon im Reich

---

[2] Judy Franklin und Beni Johnson, *Experiencing the Heavenly Realm;* erscheint 2013 bei GloryWorld-Medien in Deutsch.

des Lichts, aber eben ganz am Rande. Der Feind konnte sie von der anderen Seite noch mit allerlei Üblem bewerfe. Das beeinträchtigte sie nicht wirklich, war aber dennoch störend.

Jesus rief sie, tiefer in das Reich des Lichts hineinzurennen. Sie rannte los, hinein in unglaublich helles Licht über ein weites maisgelbes Land immer weiter in Richtung des gelben und blauen Horizonts. Sie rannte, bis sie zum Thron des Vaters kam und Vater, Sohn und Heiligen Geist dort tanzen sah, voll Leidenschaft und Freude.[3] Das war die erste Etappe auf der von ihr beschriebenen Reise.

Als ich das las, dachte ich, das ist ja meine Reise, das sind genau meine Gedanken. Ich möchte nicht nur bei der Brücke bleiben, sondern tiefer in dieses Reich des Lichts hineinlaufen, Vater, Sohn und Heiligen Geist noch viel mehr kennenlernen. Früher hatte ich das Reich Gottes immer wieder als Stadt gesehen mit einem prachtvollen Palast im Zentrum: Gottes Thronsaal bzw. Regierungssitz. Ich kam mir dabei häufig vor, als würde ich mich immer noch am Stadttor aufhalten und nicht so richtig in die Stadt selbst hineinkommen. Und schon gar nicht zum Palast, zumindest nicht dauerhaft. Diese „Familienerlebnisse" und auch die Lehre darüber in Bethel halfen mir sehr, mich „im Palast" des himmlischen Papas zu Hause zu fühlen.

Am Ende dieses Kapitels möchte ich zur Veranschaulichung noch ein kurzes Zeugnis weitergeben über ein solches „SOZO-Erlebnis". Einer der Studenten erzählte es in der Revival Group. Er hatte ein ziemlich schwieriges Verhältnis zu seinem Vater (gehabt). Das bedrohlichste Erlebnis seiner Kindheit war, als er mit seinem Vater über einen Bootssteg lief und dieser ihn am Ende des Steges einfach ins Wasser warf. Er war damals fünf Jahre alt und konnte nicht schwimmen. Irgendwie schaffte er es ans Ufer, immer in der Angst, sein Vater könnte kommen und ihn wieder hineinwerfen. Der Seelsorger fragte ihn, ob bzw. wo er Jesus in diesem schlimmen Erlebnis sehen könne. Er sah tatsächlich Jesus, wie er zu ihm ins Wasser kam, seine Hand unter seinen Körper legte und so mit ihm zurück ans Ufer lief. Das war für ihn so heilsam, zu sehen, dass Jesus in dieser schlimmen Situation bei ihm war und ihn rettete, dass er auch spontan seinem Vater vergeben konnte. Das wiederum heilte die Vater-Sohn-Beziehung, die irdische und auch die himmlische.

---

[3] Ibid., Kapitel 9.

13

Horizonterweiterung

Was mich immer wieder aufs Neue faszinierte: Bethel war so unglaublich vielseitig, man konnte so viel dort lernen und abgucken. Manchmal war es nicht nur neue Lehre oder Erfahrungen an sich, sondern auch eine ungewohnte Methode oder einfach Menschen, die einem zum Vorbild wurden. Dort trafen sich nicht nur Musiker und Künstler in großer Zahl, es war auch ein Ort, an dem Gemeindebauer auf ihre Kosten kamen. Wie schon beschrieben, der fünffältige Dienst ließ sich hier nicht nur in Büchern, sondern live studieren.

Gemeindebau von einer neuen Seite

Für die Studenten gab es einen „Church Planting Track" (Intensivseminar für Gemeindegründung). Es war ein wählbares Seminar. Wir hatten in Deutschland über die Jahre schon einige Leiterschaftsseminare besucht und hatten auch selbst praktische Erfahrungen mit *church planting*. Nun waren wir gespannt, wie es hier ablaufen würde.

Wir staunten nicht schlecht über das Leitertraining, das zu Beginn jeder Veranstaltung großenteils aus Lachen bestand. Steve Backlund, der Leiter dieses „Tracks", war der Prototyp eines Ermutigers. Und er hatte so seine eigenen Methoden, uns als (zukünftige) Leiter aufzubauen und zu ermutigen. Ich fand das Seminar jedenfalls sehr originell und hilfreich. Seine Devise war: Wenn Leiter ihre Lebenslügen entdecken und über die Gedanken-Attacken des Feindes lachen können, sind sie auf dem besten Weg zum Sieg.

Wir starteten oft mit einer Runde, in der Steve typische Lügensätze sagte, wie z. B. „Ich bin ein Versager", „Ich bin zu beschäftigt, um Dinge richtig zu machen", „Wenn ich nicht beliebt bin, bin ich unbedeutend und habe versagt" (zitiert nach Steve Backlund, „Let's just laugh at that!"). Dann folgte immer sein klassischer Satz: „Let's just laugh at that!" (Lasst uns einfach darüber lachen!), was wir ausgiebig taten. Er entlarvte dabei das falsche, meist von Hoffnungslosigkeit und Unglaube geprägte Denken und zeigte die Lösung auf: das neue Denken gegründet auf die Wahrheit des Wortes Gottes. Es war ihm ein wichtiges Anliegen, mit Leitern, die ja eine bedeutende Vorbildfunktion haben, dieses „vom Sieg her leben" einzuüben. Hatten die Leiter erst einmal diese neue Denkweise angenommen, würden sie auch ihre Mitarbeiter entsprechend anleiten und so das neue siegreiche Denken in die Gemeinde hineinmultiplizieren.

In seinem Buch „Victorious Mindsets" (Siegreiche Denkweisen) erklärt er eine seiner wichtigsten Strategien. Früher war er ein Christ, der auf Blockaden und Hindernisse fixiert war und sich selbst oft als Opfer sah. Wenn sich nur die und die Situation oder Person ändern würde, ja dann könnte er vorwärtskommen ... Gott sprach dann zu ihm und zeigte ihm, wie die richtige Antwort auf Schwierigkeiten ihn in seine prophetische Bestimmung hineinkatapultieren würde. „Ich möchte, dass du diese Dinge nicht als Probleme, sondern als Gelegenheiten siehst, damit du sehen kannst, wie groß ich bin."[1] Das Wort aus Lukas 6,23 wurde für ihn zum Schlüsselwort: *„Freut euch an jenem Tage und springt vor Freude."* Mit „an jenem Tage" waren eben diese schwierigen Umstände gemeint.

Was sollte er nun tun? „Gott sprach zu meinem Herzen und wies mich an, in meiner persönlichen Gebetszeit vor Freude zu hüpfen angesichts der Dinge, die ich früher als Blockaden angesehen habe. Also richtete ich mein Augenmerk auf etwas offensichtlich Problematisches, begann zu hüpfen und sagte: Juhu! Das ist eine Gelegenheit, damit ich sehe, wie groß Gott ist! Dann dachte ich an weitere Dinge und tat dasselbe. Es war (und ist) so befreiend ..."[2]

50 biblische Wahrheiten werden in diesem eben zitierten Buch aufgelistet und ihre Anwendung beim Überwinden der entsprechenden Hindernisse und Lügen erklärt. Die oben erwähnte Wahrheit heißt „Problems are opportunities" (Probleme sind Gelegenheiten). Seine klare und einfache Botschaft lautete: Gottes Wahrheit ist stärker als alle Lüge. Aber sie wird in deinem Leben nur wirksam, wenn

---

[1] Übersetzt aus: Steve Backlund, *Victorious Mindsets,* S. 50.
[2] Übersetzt aus: Steve Backlund, *Victorious Mindsets,* S. 50.

du sie auch wirklich *ganz praktisch einübst*, das heißt, deine Gedanken ständig auf Gottes Wahrheit ausrichtest.

Wenn man so will, ist Steve Backlunds Leben selbst ein gutes Beispiel für seine Lehre: Viele Jahre lebte er abseits in den abgeschiedenen Bergen (Sierra Nevada) von Nevada (Nachbarstaat von Kalifornien) und kam sich oft auch selbst abseits vor. Heute ist er im Leitungskreis von Bethel.

Aus der Geschichte lernen

Natürlich lernten wir auch eine Menge über Leiterschaft und Gemeindebau an sich. Sehr interessant fand ich in diesem Seminar vor allem die eingeladenen Gastsprecher, zum Beispiel einen Gemeindegründer aus San Francisco. Er war in jungen Jahren während der Jesus-People-Bewegung in dieser Stadt im Gemeindebau aktiv und ist auch jetzt noch dort Gemeindeleiter. Ich empfand ihn als eine „wandelnde" alte und doch sehr frische Quelle Gottes. Seine Erfahrungen aus dieser Zeit der Erweckung waren sehr wertvoll für uns. Er erklärte uns, dass die spontanen, begeisternden Leiter mehr momentanen Zulauf haben, aber die Leiter, die auch Wert auf Organisation und Nachhaltigkeit legten, oft länger andauernde Aufbrüche Gottes erlebten. Als Beispiel zitierte er John Wesley, den Gründer der Methodistenbewegung in England, der großen Wert auf Jüngerschaftsgruppen gelegt hatte und dadurch Tausende von späteren Leitern für die Erweckung hervorbrachte. Wesleys Freund, George Whitefield, war der begeisternde Prediger, der die Massen anzog, aber ohne Wesleys „methodischer" Gründlichkeit wäre es nicht zu so einer umfassenden Erweckung in England gekommen.

Warum die Jesus-People-Bewegung in San Francisco so schnell wieder abgeebbt sei? Die Gemeinden seien nicht auf die Ernte vorbereitet gewesen. Es sei so normal gewesen, dass sich an einem Abend Hunderte junger Leute bekehrt hätten. (Man sagt, dass in der Jesus-People-Bewegung insgesamt 2 Millionen Menschen zu Jesus fanden.) Aber die Gemeinden waren nicht darauf ausgerichtet, Leiter zu haben, die ständig neue Leiter hervorbrachten – das Prinzip der Multiplikation. So konnten die jungen Leute nicht dauerhaft in

Gemeinden eingebunden werden. Es fehlte an Begleitung und verantwortlicher Leiterschaft.

Aber er hatte noch mehr Weisheit auf Lager, z. B. wie Jesus Einzelne herauszunehmen (Petrus, Jakobus und Johannes) und sie speziell zu trainieren, um besonders effektiv zu sein. In diesem Zusammenhang sprach er auch über die Notwendigkeit, manchmal „Paragemeinden" zu gründen, um Neues ausprobieren zu können. Er bezeichnete „Jugend mit einer Mission" als eine solche Paragemeinde.

Die massivste Veränderung, die er gerade in der Gemeinde beobachten könne, sei der Wechsel vom Zentriertsein auf den pastoralen Dienst hin zur apostolischen Ausrichtung. Pastoren sammeln ein, Apostel senden aus; wir brauchen eine Kombination aus beidem. Ein großes Problem sei außerdem in der westlichen Gemeinde, dass wir nur rund 5 % dessen anwenden, was wir wissen. Schon 15 % unseres Wissens in Veränderung investiert, würde Entscheidendes bewirken.

Im Lauf der Jahre sei er zu dem Schluss gekommen, dass die wichtigste Qualifikation für einen Mitarbeiter die sei, wie belehrbar er sei. Das heißt, wie sehr er sich in seinem Dienst unter eine Autorität stellen, Verantwortung übernehmen und Rechenschaft ablegen kann. Begabung sei zweitrangig, die könne man entwickeln, aber nicht belehrbar zu sein, da werde es schwierig.

Der größte Fehler, den wir als weltweite Gemeinde machen können, ist, nichts aus der Geschichte zu lernen. Das hörten wir in Bethel oft. Wir lasen deshalb auch immer wieder Bücher über Erweckung bzw. große Männer und Frauen Gottes und sprachen über die Gründe ihres Erfolgs und Versagens. Wenn sie Erfolg hatten, dann nicht nur wegen ihres leidenschaftlichen Herzens für Jesus, sondern weil sie auch ausgewogen lebten. Viele große Männer und Frauen Gottes brachten Erweckung und eine tiefe Begegnung mit Gott für die Menschen um sie herum. Aber sie vernachlässigten des Öfteren Körper und Seele oder sonderten sich in unguter Weise von Familie und Freunden ab. Es erstaunte mich immer wieder, wie leicht man die Balance im Reich Gottes verlieren konnte, wie viele „Generäle Gottes" zeitweilig oder endgültig im Desaster endeten trotz ihrer Siege. Und wie sehr wir deshalb die Korrektur und Ermutigung der anderen in der Familie Gottes brauchen.

Während einer Fragerunde im Anschluss an eine Lehreinheit wurde Kris Vallotton einmal eine interessante Frage gestellt. Sie bezog sich auf unsere Hausaufgaben, genauer gesagt auf die sieben Sendschreiben in Offenbarung 2 und 3, in denen der auferstandene Jesus damalige Gemeinden lobt und ermutigt bzw. warnt und zurechtweist. Wir sollten beantworten, wie so ein Sendschreiben Jesu heute für die Gemeinde von Bethel aussehen würde.

Die Beantwortung dieser Frage wollte nun eine Studentin gern von Kris Vallotton hören. Seine Antwort: Gott lege sehr großen Wert darauf, dass er und alle anderen Verantwortlichen in Bethel ihre *purity,* also ihre Reinheit und „Unschuld" bewahren sollten. Das heißt, dass sie sich nicht von Ruhm, Ansehen, Macht und Kontrolle (über die Gemeinde) beeindrucken oder leiten ließen und darüber stolz würden, sondern wie Kinder von Gott abhängig blieben. Ich lehnte mich zurück und fühlte mich an einem sehr sicheren Ort: wo Gottes Weisheit und die Furcht des Herrn Gemeinde baute.

Andere Gottesdienste: ein Blick „über den Zaun "

Die Hausaufgaben waren im Church Planting Track besonders interessant. Wir sollten zum Beispiel einen geistlichen Leiter interviewen – die Fragen waren vorgegeben – und zwei Gottesdienste außerhalb Bethel besuchen und anhand eines Rasters darüber berichten.

Auf besonderen Wegen brachte uns Gott in zwei sehr unterschiedliche Gottesdienste. Den einen besuchten wir in der *Rescue Mission* (Rettungsmission) in Redding. Er fand dort jeden Donnerstag statt. Das Publikum bestand aus obdachlosen oder einfach sehr armen Menschen. Vielen von ihnen konnte man es an Gesicht und Kleidung ablesen, dass sie sich selbst schon aufgegeben hatten. Als wir mit dem Nikolaus in der öffentlichen Bücherei waren (siehe Kapitel „Gott ist kreativ"), luden uns Leute zu dieser *Rescue Mission* ein. Sie wollten am liebsten, dass mein Mann und ich dort Saxofon und Gitarre spielten, wie wir das in der Vorhalle der Bücherei bei besagtem Besuch getan hatten.

Wir waren noch nie in einer solchen Umgebung gewesen, und als wir das erste Mal donnerstagabends dort auftauchten, waren wir sehr betroffen. Hier Gemeinde zu bauen war nun wirklich herausfordernd.

Anschließend an den sehr gut besuchten Gottesdienst gab es Abendessen. Bestimmt kamen deshalb viele hierher, aber etliche schienen auch an der Botschaft interessiert zu sein. Wir spielten dann bei ihrem Weihnachtsfest englische und deutsche Weihnachtslieder, mit Saxofon und Gitarre, wie sie es sich gewünscht hatten.

Die Mitarbeiter der *Rescue Mission* waren sehr bemüht um die Menschen ohne Heimat, aber trotzdem war immer eine Lethargie unter den Besuchern zu spüren. Vielleicht empfanden wir es auch besonders stark, weil wir aus einer so ganz anderen Welt kamen – in vielerlei Hinsicht. Und doch: In dieser Zeit, als wir kein Auto hatten und gelegentlich mit dem Fahrrad und Einkaufstüten unterwegs waren, wurden wir oft für *homeless* (obdachlos) gehalten. Amerikaner sind halt immer mit dem Auto unterwegs – oder in Kalifornien als sportlich gekleidete Radfahrer. So konnten wir uns ein ganz klein wenig in die obdachlosen Leute hineinversetzen.

Der andere Gottesdienst, den wir besuchten, war weiter weg, anderthalb Stunden südlich von Redding im flachen Central Valley, dort, wo es viele Mandel- und Walnussplantagen gibt. Wie es dazu kam, ist eine längere Geschichte, aber eine, bei der Gott souverän Regie geführt hat.

Wir hatten vor einigen Jahren durch einige „Zufälle" in Deutschland eine Familie aus Kalifornien kennengelernt. Irgendwie besaßen wir noch deren Telefonnummer. Er war aus Deutschland, sie aus Kalifornien, und sie hatten vier Kinder. Uns war klar: Wenn wir jemals nach Kalifornien kämen, dann müssten wir sie unbedingt besuchen. Und nun waren wir hier. Alles, was wir wussten, war, dass sie eine Walnussfarm hatten.

Am Anfang hatten wir nicht viel Zeit zu solchen Besuchen, erst im Dezember war es dann so weit. Es war ein Eintauchen in ein vollkommen anderes Kalifornien, das wir bisher noch nicht kannten. Ihr idyllisches weißes Farmhaus mit Orangenbäumen links und rechts – o ja, man konnte gerade frische Früchte ernten, wie lecker – malte ein Bild aus vergangenen Zeiten. Es war so friedlich und beschaulich hier, Mandel- und Walnussplantagen so weit das Auge reichte. Das nächste Haus war nicht zu sehen, nur eine kleine Brücke, die über einen Kanal führte, ansonsten weites Land, eben Amerika.

Wir kannten uns eigentlich kaum, hatten uns in Deutschland vielleicht eine Stunde gesehen, aber wir fühlten uns sofort wohl und heimisch bei ihnen in ihrem liebevoll eingerichteten Landhaus. Es war der Beginn einer wundervollen Freundschaft. Sie waren Mennoniten.[3] Wegen schwerer Verfolgungen gehörten die Mennoniten zu den ersten deutschen Auswanderern nach Amerika. Sie brachten unbestritten ein großes geistliches Erbe mit.

Und so kam es, dass wir beim nächsten Besuch, im Februar zur Zeit der Mandelblüte, Gast in einem mennonitischen Gottesdienst waren – um unsere BSSM-Hausaufgaben zu machen. Aber natürlich nicht nur deswegen ... Wir saßen in einer Reihe in der kleinen Dorfkirche. Gäste durften zusammen bleiben, ansonsten saßen Frauen links und Männer rechts. Durch die Fenster winkten blühende Mandelbäume im hellen Sonnenschein und wir lauschten andächtig den mehrstimmigen Chorälen der Mennoniten. Instrumente gab es keine. Aber beeindruckt von den schönen Stimmen fiel mir das gar nicht auf. Gottes Friede umgab uns. Seine Größe, Herrlichkeit und Reinheit erfüllte den Raum. Während des Gottesdienstes fand eine Trauung statt. Aber Braut und Bräutigam waren normal „sonntäglich" angezogen, nicht das festliche Brautkleid, wie sonst bei Hochzeiten üblich. Anschließend gab es für alle Gottesdienstbesucher ein großes Festessen.

Wir waren angezogen von der ruhigen, beständigen Lebensart der Mennoniten, wie wir es aus vielen Gesprächen mitbekamen. Es war so wohltuend, in unserer hektischen Zeit solche Leute zu treffen. Da waren wunderbare Quellen, die Gott wieder ganz freilegen wollte, das empfanden wir sehr stark. Wir hatten manches Gespräch mit unseren Freunden darüber, die sich nach neuen Aufbrüchen in ihrer Gemeinde sehnten. Sie hatten vor einigen Jahren hier eine Erweckung erlebt und sehnten sich nach einer frischen Berührung Gottes. Wir brachten ihnen später Bücher von Bethel mit, die sie sehr schätzten. Aber ich glaube, dass wir in der Familie Gottes über Gemeindegrenzen hinweg wechselseitig voneinander lernen können, also auch wir zum Beispiel von der einfachen Lebensart der Mennoniten.

---

[3]Eine evangelische Glaubensgemeinschaft, aus den Täuferbewegungen der Reformationszeit entstanden; der Name geht auf den niederländischen Theologen Menno Simons zurück.

Das macht uns stark und gleichzeitig in guter Weise demütig. Es gab ja so vieles zu lernen, das erlebten wir an uns selbst in Bethel. Und es erweiterte unseren Horizont und unser Herz. So führte uns Jesus immer wieder „hinaus ins Weite" (Ps 18,20).

14

Abenteuer Mexiko

Je weiter das Jahr fortschritt, umso mehr gingen wir Studenten auf einen besonderen Höhepunkt zu, die *Mission Trips* (Missionsreisen), die von März bis Anfang April stattfanden. Wir hatten uns, wie schon erwähnt, für Mexiko beworben, weil wir dafür ein prophetisches Wort bekommen hatten.

Große Ereignisse werfen ihre Schatten voraus, und so besuchten wir einen Spanischkurs. Noch eine zweite Fremdsprache zu erlernen war eigentlich verrückt, dachte ich, je näher der Beginn rückte. Eigentlich wollte ich mich wieder abmelden. Doch als ich zum ersten Kurs ging, um mich abzumelden, gefiel er mir so gut, dass ich beschloss zu bleiben. Irgendwie war das alles so anders als sonst: nur eine Handvoll Leute, keine Hausaufgaben – das wäre auch zeitlich nicht zu schaffen gewesen – und entspannende Pausen. Man lernte Spanisch, indem man einfach miteinander sprach, wie eine Muttersprache. Vokabeln und Ähnliches wurden erst am Ende aufgeschrieben. Ich hatte schon mal einen Spanischkurs in Deutschland besucht und so fiel es mir nicht so schwer – wenigstens am Anfang. Irgendwie war es auch eine Vertiefung für mich bezüglich Englisch, da wir ja Spanisch-Englisch lernten. Am Ende des Kurses im Dezember hatten wir eine ganz besondere Zeit, wo wir füreinander prophezeiten. Gott gab mir durch spezifische Worte in einigen Bereichen meines Lebens sehr klare Richtungsweisung, Ermutigung und Bestätigung. Ich war total erstaunt. Das war gleichzeitig auch eine gute Vorbereitung für Mexiko.

Daneben gab es noch die Vorbereitungsabende mit der großen Gruppe der Studenten, die nach Tijuana/Mexiko gingen. Es gab vieles zu besprechen und zu beten. Tijuana liegt direkt an der amerikanisch-mexikanischen Grenze und ist ein berüchtigter Umschlagplatz für Drogen. Die meisten Leute, die dort leben, haben mehr oder weniger nur ein Ziel: über die Grenze nach Amerika zu kommen. Wie wir später erfuhren, hatte sich die Drogenszene immer mehr von Südamerika, vor allem Kolumbien, nach Mexiko verlagert, und der Handel ging über Kalifornien und den Westen Amerikas bis nach Kanada. Das war ein weites Gebetsfeld für Heilung und Wiederherstellung von Menschen. Die Gebete und prophetischen Worte der Studenten für diese Stadt waren überwältigend und voller Leidenschaft.

Unser Leiter, Mark Brookes, war der richtige Mann am richtigen Platz. Es war nicht nur eine Aufgabe für ihn, sondern seine Leidenschaft, dunkle Orte wie Tijuana wiederhergestellt und transformiert zu sehen. Er fuhr schon seit vielen Jahren mit BSSM-Studenten nach Tijuana und kannte inzwischen eine Menge Gemeinden dort. Er hatte Freunde, zum Teil auch amerikanische Prediger und Missionare in und um diese Stadt, und war mit den örtlichen Gegebenheiten bestens vertraut. Seine Hingabe war sehr ansteckend. Je länger wir mit ihm zusammen waren, umso mehr sahen wir das Gold in seinem Herzen. Er war der Leiter des ersten Schuljahres an der BSSM. Früher war er selbst in Drogen gefangen gewesen und wusste, wovon er sprach.

Um die Reise möglichst günstig zu halten, bildeten die Studenten Fahrgemeinschaften. Wir hatten zwar unser kleines Auto, aber das wollten wir unseren Kindern überlassen, die gerade in dieser Woche alle drei in Kalifornien sein würden. Gott brachte uns mit Jim zusammen; er war der Fahrer in unserer kleinen Fahrgemeinschaft. Wir genossen es in vollen Zügen, mit ihm fahren zu dürfen. Er hatte ein schlimmes, sehr schmerzhaftes Rückenleiden gehabt, von dem ihn Gott im Lauf der letzten Jahre zu 90 % geheilt hatte. Er lebte in großer Dankbarkeit und liebevoller Hingabe an Gott. Sein kindlicher Glaube und überhaupt seine ganze persönliche Ausstrahlung waren eine einzige Ermutigung.

Mitten in der Nacht fuhren wir also los und schafften es bis Mittag nach Los Angeles, um sicherzugehen, dass wir dort nicht in die nachmittägliche Hauptverkehrszeit kommen würden. Nach einer Pause und weiteren drei bis vier Stunden Fahrt erreichten wir endlich die mexikanische Grenze. Hier trafen sich alle Studenten auf einem Parkplatz mit benachbarten Schnellimbissen und stellten dort ihre Autos ab. Jeder aß etwas, nahm sein ganzes Gepäck an sich, noch ein paar letzte Anweisungen, und das Abenteuer begann.

Wir gingen zu Fuß über die Grenze nach Mexiko. Instrumente und andere schwerere Gepäckstücke wurden auf Pick-ups verladen. Mit dem Gepäck war es anstrengend, aber machbar, weil es Ende März noch nicht so heiß war. In diese Richtung ging es sowieso schneller. Auf der Heimreise brauchten wir wesentlich länger. Es war fast so ein bisschen wie die Vertreibung aus dem Paradies. Die Gegensätze waren enorm. Der Bus, der uns auf mexikanischer Seite abholte, schüttelte uns ordentlich durch und war steinalt. Viele Sicherheitsbestimmungen gab es hier bestimmt nicht, dafür fuhr er recht schnell. Kurz hinter der Grenze gab es noch ein paar elegante Firmengebäude, aber ansonsten versank das Land in Armut. Nirgendwo gab es irgendwelche schöne Wohnviertel, wo sich das Auge hätte erholen können. Alles, aber auch wirklich alles, war in einem Zustand von Armut und Vernachlässigung, obwohl das Land an sich sehr schön war. Es gab Berge und sanfte Hügelketten ähnlich wie in Südkalifornien, die jetzt im Frühjahr mit einem frischen Grün überzogen waren.

Das Camp

Nach einer etwa einstündigen Fahrt erreichten wir unseren Zielort: das Camp. Es lag weit außerhalb von Tijuana in ländlichem Gebiet, aber auch hier Armut allerorten. Asphalt auf den Straßen gab es nicht in diesem kleinen Dorf, dafür sahen wir die Hänge hinunter tiefe Rinnen und Schlaglöcher in den Lehmstraßen. Ein kleiner Lebensmittelladen war die Attraktion im Dorf.

Unser Camp lag am Fuße des Dorfhanges, so konnten wir fast das ganze Dorf überblicken. Das Camp-Gelände gehörte einer Gemeinde von dort und war recht weitläufig. Die ca. 80 bis 100 Frauen schliefen alle in einem Schlafsaal mit Stockbetten und großenteils neuen Matratzen. Es war beeindruckend, welcher Frieden und sogar heitere Stimmung in diesem Schlafsaal herrschte, bei so knappem Lebensraum und einfachsten Bedingungen. Die Männer waren in kleineren Gruppenräumen untergebracht, dafür waren die Betten nicht so neu.

Das Ganze diente wohl der Gemeinde als eine Art Freizeitgelände. Auf jeden Fall hatten sie einen schönen Gottesdienstsaal mit gefliesten

Toiletten und Waschraum. Wie vieles andere erinnerte dies an bessere Zeiten, die es hier wohl auch mal gab. So ein bisschen Schönheit tat einfach gut. Aber was am meisten guttat, war Gottes Familie an diesem Ort. Das Camp füllte sich mit Hoffnung und Leben vom ersten Moment unserer Ankunft an. Lachen und Freude, Singen und Tanzen und jede Menge Musik überschwemmten das Camp förmlich und umlagerten das Dorf wie eine Wolke der Hoffnung. Mexikaner mögen Musik und Tanz. Unsere „Live"-Musik bestand aus Lobpreis mit Herzen, Mund und Händen und hinterließ ihren Eindruck im Dorf. Viele Studenten bummelten in den folgenden Tagen immer wieder durchs Dorf. Oft ergab sich eine Gelegenheit, zu erzählen, warum wir hier waren, oder für Menschen zu beten. Später hörten wir Zeugnisse über Heilungen im Dorf und wie Menschen von Jesus berührt wurden.

Die ersten zwei Tage blieben wir auf dem Gelände, erholten uns von der langen Anreise und bereiteten uns auf die Gottesdienste in der Stadt vor, die wir gestalten sollten. Unsere Lobpreis- und Gebetszeiten hier im Camp bestanden neben Liedern hauptsächlich darin, Gottes gute Botschaft und prophetische Worte, die er uns gab, über dem Land auszusprechen, hinauszurufen, zu singen. So wie es eben jeder auf dem Herzen hatte. Das waren für mich mit die eindrücklichsten Zeiten. Sie erinnerten mich stark an das Wort aus Römer 4,17: „Gott ruft das, was nicht ist, dass es sei." Und so riefen wir in der Autorität Jesu all das, was er uns zeigte, auch Verheißungen, an die er uns erinnerte, in Existenz. Manchmal konnte ich sehen, was diese Gebete in der unsichtbaren Welt bewirkten. Wie z. B. der Himmel aufging, riesige Engelsheere herabkamen und das ganze Land in Licht gehüllt wurde.

Bevor wir nach Mexiko gingen, hatte ich Jesus einmal gefragt, wie denn Mexiko vom Himmel, also aus seiner Sicht aussehe. Daraufhin sah ich das ganze Land als einen einzigen wunderschönen Garten, und darin die Braut, die auf den Bräutigam wartet. Das half mir auch bei meinen Gebeten die richtige Ausrichtung zu behalten, nämlich den Blick auf Jesus zu richten und mich nicht von all der Bedrückung zum Unglauben verleiten zu lassen.

Gleich hinter dem Haus konnte man zu einem Berg hinaufwandern, wohin sich viele allmorgendlich für ihre persönliche Zeit mit

Jesus zurückzogen. Von hier oben bot sich ein weiter Blick über Dorf und Land. Die Leute hier waren von ihrem Wesen her so lebensfroh, und trotzdem lag eine große Hoffnungslosigkeit über dem Land. Wie schön, dass hier so viele Beter waren, die Gottes Perspektive für dieses Land und seine Menschen hatten.

In Mexiko: Blick auf unser Camp (teilweise), am gegenüberliegenden Hang das Dorf (mit den Lehmstraßen)

Wir wurden für die einzelnen Gottesdienste in verschiedene Teams eingeteilt. Jedes Team hatte auch Künstler und ein Lobpreisteam dabei, und jeder sollte Erlebnisse mit Gott erzählen können oder wie er zu Jesus fand. Der Kinderdienst war fest eingeteilt. Predigen geschah in Absprache mit dem Teamleiter.

Wir hatten einen genialen Teamleiter. William, der schon im zweiten Schuljahr war, ermutigte uns, hatte sehr gute Ratschläge und wusste immer genau, wer gerade besondere Unterstützung brauchte. Manchmal erzählte er uns von seinen evangelistischen Einsätzen in Südafrika, wo er herkam. Er hatte zweifellos ziemlich viel Erfahrung und eine großartige Begabung, aus einer Gruppe Leute ein

Team zu formen. Er wollte uns „glänzen" sehen und hielt sich selbst im Hintergrund.

Licht in der Finsternis: Auf Einsatz in Tijuana

Für die Gottesdienste mussten wir wieder mit den Bussen zurück in die Stadt fahren. Schon vor Gottesdienstbeginn gingen wir auf die Straße, um Leute einzuladen. Das war immer eine spannende Zeit. Wir hatten zwei Leute im Team, die sehr gut Spanisch konnten. So gab es sprachlich nicht allzu viele Probleme.

Einmal sprachen wir z. B. eine Frau an, die am Straßenrand einen kleinen Imbissstand hatte. Sie klagte über starke Rückenschmerzen, und wir beteten für sie. Die Schmerzen verschwanden vollkommen. Sie lächelte uns glücklich an, hatte aber keine Zeit, in den Gottesdienst zu kommen. Sie konnte ihren Stand nicht allein lassen – außer wenn ihre Tochter rechtzeitig zurückkäme, die sie vertreten könnte. Tatsächlich kam sie später strahlend in den Gottesdienst und gab ihr Leben Jesus. Solche Erlebnisse waren keine Einzelfälle. Die Menschen dort waren sehr offen, und Heilungen geschahen häufig. Die Gottesdienste, die wir gestalteten, waren meist reguläre Abendgottesdienste. Am Ende der Woche gab es einen Sonntagsgottesdienst.

Letzterer ist mir noch besonders gut in Erinnerung geblieben. Es gab Lobpreis und Tanz zu Beginn des Gottesdienstes, den die Gemeinde selbst gestaltete. Dann folgten ein paar prophetische Worte der Studenten. Danach war ich an der Reihe, mein Zeugnis zu erzählen, wie ich zu Jesus gefunden hatte. William hatte uns erklärt, dass jedes Zeugnis eine besondere Salbung oder Kraft habe. Wenn jemand durch seine Begegnung mit Jesus zum Beispiel aus Bitterkeit herausgekommen war, so konnten durch dieses Zeugnis Menschen, die verbittert waren, oft in Vergebung und wiederhergestellte Beziehungen geführt werden.

Ich erzählte also, wie Jesus mich geheilt hatte und mich aus der hoffnungslosen Situation, in der ich damals steckte, befreite. Während ich zu ihnen sprach, fiel mir die Bedrückung und Niedergeschlagenheit der Menschen auf. Und so freute ich mich, dass mein Zeugnis gerade diesen Punkt ansprach: Jesus, der jede Last von

Bedrückung und Hoffnungslosigkeit wegreißen kann. Manche wollten danach Gebet.

Der richtige Durchbruch kam aber erst gegen Ende des Gottesdienstes, als jeder, der sich das wünschte, von unserem ganzen Team mit Freude gesegnet wurde. Je länger, je mehr spürten wir, wie Jesus die Herrschaft in diesem Raum einnahm und die Leute zu lachen und zu tanzen begannen. Es tat so gut, zu sehen, wie im Umfeld von Hoffnungslosigkeit und Bedrückung Menschen von himmlischer Freude erfasst wurden, die zu ihrer Kraft wurde.

Die Leute begannen uns ins Herz zu schließen. Eine Frau kam zu mir und erzählte mir, dass sie die Flagge, mit der ich getanzt hätte, wie eine riesige Fackel in meiner Hand gesehen habe. Das habe sie so ermutigt. Ein Jugendlicher und seine Mutter kamen her und wünschten sich prophetisches Gebet. Gott hatte für ihn einen Dienst in anderen Nationen vorbereitet. Das würde mit manchen Hindernissen verbunden sein, die sich wie Goliath vor ihm auftürmen würden. Er würde sie aber sehr gut überwinden können, weil er das Herz von David habe und seinem Gott von ganzem Herzen vertraue. Das waren so in etwa die Worte, die mir Gott für ihn gab. Beim Abschied fragte ich ihn noch nach seinem Namen. Er hieß David.

Als wir später in einem einfachen Taco-Imbiss (Taco: mexikanische Teigtaschen mit verschiedenen Füllungen) beim Mittagessen saßen, gab es viel zu erzählen. Alle waren sich einig, dass es riesig Spaß gemacht hatte, zu sehen, wie Jesus Menschen freisetzte und sie mit seiner Freude erfüllte. Besonders der Dienst als Team hatte uns sehr gefallen und letztendlich auch den Durchbruch gebracht. Auch in den anderen Gottesdiensten gab es viele Begegnungen mit Menschen, die dringend Ermutigung brauchten. Ich staunte, wie viel Spanisch ich verstand, und manche sprachen auch ein bisschen Englisch. Es flossen immer wieder Tränen, und Hoffnung und neuer Glaube wurden freigesetzt.

Mein Mann erzählte mir, dass ihr Team mit einem kleinen Lastwagen ins Dorf gefahren sei. Sie hätten Lobpreis von der Ladefläche aus gemacht, sehr zur Begeisterung der Dorfkinder, die in Scharen kamen. Danach gab es Kindergottesdienst auf der Straße.

Am Samstag war ein besonderer Höhepunkt. Wir fuhren alle zu einem zentralen Platz in Tijuana, der für uns reserviert war. Es war die Ecke, wo Musikbands und Künstler auftraten. Unsere ganze Reisegruppe von 180 Studenten war dieses Mal gemeinsam im Einsatz. Die einen wirkten bei Lobpreis, Zeugnissen, Kurzpredigten und schauspielerischen Darbietungen auf der Bühne mit. Die anderen mischten sich unter die Schaulustigen. Dadurch entstand ein optimaler Kontakt zum Publikum. Wir konnten mit den Leuten reden und mit ihnen beten. Es gab auch viele seelsorgerliche Gespräche mit Menschen, die Gott aus den Augen verloren hatten oder innere Heilung brauchten. Es war so einfach hier auf der Straße. Jesus ging durch die Reihen und wir mussten ihm nur aufmerksam folgen. Der Himmel hier war offen, aber schon wenige Meter weiter weg wurde es sehr finster. Wir durften uns nicht allzu weit von diesem Platz entfernen, es wäre zu gefährlich gewesen. Gewalt und Angst beherrschten die Stadt. Die Christen hier hatten es nicht leicht.

An einem Nachmittag gingen wir an den Strand und auf einen mexikanischen Markt südlich von Tijuana. Wir hatten mal wieder viel Spaß mit unseren Norwegern, die wir jetzt erst richtig kennenlernten. Gemeinsam mit David und Unn bummelten wir durch den Markt und saßen später in einem Strandhotel, weil es am Meer leider zu kühl war. Wir bestaunten die imposante spanisch-europäische Innenarchitektur des Hotels. Das stand in krassem Gegensatz zu dem kleinen Badeort. Nebenbei fragten wir sie, wo ihre Kinder jetzt seien. Die waren zu Hause und wurden von einer Schweizerin und einer Norwegerin versorgt, beides auch Studenten wie wir. Die beiden Studentinnen hatten ihre Missionsreise schon hinter sich und deshalb Zeit dafür. Später lernten wir auch ihre (noch kleinen) Kinder kennen und lieben. Sie waren alle vier sehr aufgeweckt und gingen so liebevoll miteinander um – einfach ganz die Eltern. Ihre Botschaft war: Familie macht echt Spaß!

Als wir am Sonntagabend zurück ins Camp kamen, waren alle schon eifrig mit Kofferpacken beschäftigt. Am Montag ging's wieder zurück über die Grenze. Dieses Mal standen wir zwei Stunden in der Hitze in einer endlosen Schlange. Aber es gab keine andere Möglichkeit. Und außerdem war die Autoschlange auch nicht kürzer. Auf der Rückreise machten wir noch einen Zwischenstopp in einer Gemeinde in Laguna Beach im Süden von Los Angeles. Für den Strand blieb leider nicht mehr viel Zeit, wir hatten zu lange für den Grenzübergang gebraucht. Abends war ein Gottesdienst in einer Vineyard-Gemeinde angesagt.

Wir hatten es inzwischen gut eingeübt, Menschen in die Gegenwart Gottes zu führen. Es war ein wunderbarer Gottesdienst, wo alles zusammenpasste. Viele Menschen kamen nach vorne, um Heilungsgebet zu empfangen. Die Freude Gottes breitete sich im Raum aus. Es war gleichzeitig der feiernde Abschlussgottesdienst unserer Zeit in Mexiko. Später gab es noch eine spektakuläre Krankenheilung, zumindest kurzfristig. Ein Mann stand aus seinem Rollstuhl auf, rannte im Raum herum und dann zur Tür hinaus auf den Parkplatz. Das ging so schnell, dass es gar nicht alle sofort wahrnahmen. Ein Teil der Gottesdienstbesucher lief hinterher und wollte ihn sehen. Leider hat er sich später wieder in seinen Rollstuhl gesetzt (vielleicht nachdem ihn sein Verstand wieder eingeholt hatte – aber das ist meine persönliche Meinung).

Los Angeles von einer anderen Seite

Am nächsten Tag brachen wir schon früh zur Rückreise in den hohen Norden Kaliforniens auf. Jim hatte einen besonderen Wunsch. Er wollte so gerne das Haus von Aimee Semple McPherson, der großen Erweckungspredigerin, in Los Angeles besuchen (erwähnt in Kapitel 2). Darum hatte er uns schon vor unserer Abfahrt in Redding gebeten. Dieser Besuch war nun für die Rückfahrt eingeplant. Wir wollten uns dort außerdem mit einem Freund aus Israel treffen. Er besuchte – welch Zufall – zur gleichen Zeit eine Bibelschule in der Nähe von LA. Wegen der großen Entfernung war ein Besuch sonst nicht so leicht möglich.

Als wir uns LA näherten, passierte das Unvermeidliche: Wir blieben im Stau stecken. Eigentlich war der späte Vormittag nicht typisch für einen Stau. Aber das half uns jetzt auch nicht. Wir beteten heftig, dass sich der Stau auflösen möge, und segneten die Autofahrer in der Schlange. Aber wir steckten noch immer fest. Jim meinte, dass wir es wohl nicht mehr schaffen würden. Das Haus hatte nur zwei Stunden am frühen Nachmittag geöffnet. Und wir hätten ohnehin nicht beide Stunden dort bleiben können, weil wir ja noch die lange Rückfahrt nach Redding samt Pausen einkalkulieren mussten.

Ich hörte die Enttäuschung in seiner Stimme. Ich glaube, ich habe dann nochmals gebetet. Jedenfalls sah ich plötzlich mit meinem inneren Auge, wie sich der Stau auflöste. Ich freute mich sehr darüber und musste lachen. Das ging eine ganze Weile, das Lachen. Gott war einfach gegenwärtig und handelte souverän: Nach wenigen Minuten hatte sich der Stau aufgelöst (vgl. „Anmerkungen zur Freude im Herrn" im Anhang). Ich höre heute noch Jims Jubelruf: „We made it! We made it!" (Wir haben es geschafft!) Wir staunten und dankten Jesus.

Wir kamen pünktlich an Aimees Haus an und hatten sogar noch Zeit für ein Mittagessen. Die Wiedersehensfreude mit unserem Freund aus Israel war groß. Ihn nach zwei Jahren hier in Kalifornien wieder zu treffen, das hätten wir nun wirklich nicht gedacht. Er war im gleichen Alter wie unser ältester Sohn, und wir kannten ihn schon seit einigen Jahren.

Aimees Haus war beeindruckend. Auf einem Foto sahen wir all die Rollstühle und Krücken, die Leute nach ihrer Heilung zurückgelassen hatten. Man konnte sich einfach an ihr Klavier setzen und selbst ein bisschen spielen. Wir genossen die friedliche und heitere Atmosphäre in diesem Haus, in dem Gott mit einem Menschen so beeindruckend Geschichte geschrieben hatte.

Nebenan durften wir sogar einen Blick in den Angelus-Tempel werfen, der riesige Gottesdienstraum, in dem sie immer gepredigt hatte. Heute wird er noch für den gleichen Zweck genützt. Der Gemeindepastor ist gleichzeitig der Leiter des *Dream Centers,* eines riesigen Gebäudekomplexes ganz in der Nähe. Das *Dream Center* ist ein ehemaliges Krankenhaus, in dem heute unzählige Dienste für Leute in Not (Straßenkinder, Obdachlose, Drogenabhängige usw.) untergebracht sind mit über 600 Mitarbeitern. Unsere Tochter half dort vor ein paar Jahren für einige Wochen mit, so war uns das *Dream Center* ein Begriff. Nun konnten wir es aus der Nähe bestaunen. Der Name war wohl eine Anspielung auf das wenige hundert Meter entfernt liegende Hollywood, das ganz andere „Dream Center". Interessant, wie Gott das alles zusammengeführt hatte.

Der Abschied fiel uns schwer. Doch wir freuten uns auch auf unsere drei Kinder, die wir in Redding wiedersehen würden.

15

Abschied von Bethel

Unsere drei Kinder hatten alle ihre Reise so gelegt, dass sie beim Geburtstag ihres Papas kurz nach unserer Rückkehr von Mexiko dabei sein konnten. Leider konnten wir in unser kleines Häuschen längst nicht alle Freunde einladen. Und das Wetter war noch zu kühl, um im Garten feiern zu können. Es war trotzdem ein schönes Fest. Irgendwie lag schon Abschied in der Luft. Mir war zum ersten Mal so richtig bewusst: Die meisten von unseren Gästen würden wir nur noch wenige Wochen sehen und dann vielleicht nie wieder. In der BSSM waren gerade die gewaltigen Zeugnisse von den Missionseinsätzen rund um den Erdball Thema Nummer eins. Meine Schweizer Freundin aus der Kleingruppe berichtete zum Beispiel darüber, sie habe auf ihrem Einsatz in Nicaragua und Honduras Dutzende von Heilungen miterlebt. Blinde Augen seien aufgegangen und vor ihren Augen habe sich buchstäblich Essen vermehrt (bei einer Essensausgabe für Menschen, die auf einer Müllhalde lebten). Überhaupt berichteten ganz viele über Blindenheilungen und unzählige weitere Wunder. Manche erzählten auch, wie sie die gute Botschaft durch Kunst weitergegeben hatten. Da die Studenten ja oft nicht die Sprache der fremden Länder sprachen, seien viele Herzen durch das Malen von Bildern berührt worden. Alle waren wir von dem weltweiten Wirken Gottes zutiefst berührt und verändert.

Und dann gab es immer mehr Lehreinheiten zu einem ganz anderen Thema: Was habe ich gelernt in Bethel – wie setze ich es in Zukunft um? Viele der Studenten planten, das zweite Schuljahr an der BSSM zu besuchen. Für uns stand von vornherein fest, dass wir nur ein Jahr bleiben konnten, auch aus beruflichen Gründen.

Bethel – was nehmen wir mit von diesem Ort?

Viele Lehrer gaben uns Worte mit auf den Weg: Ermutigung und Weisheit in komprimierter Form. Danny Silk betonte, wie wichtig es sei, als Leiter einen sicheren Ort für seine Leute zu schaffen, wo sie in Freiheit ihre Gaben und ihre Kreativität entfalten könnten. Wichtigste Voraussetzung dafür ist: Lebe selbst, was du bei anderen sehen möchtest, *lebe selbst an einem sicheren Ort.* Fang damit zu Hause an. Die Atmosphäre der Sicherheit entsteht durch Wertschätzung, d. h. aufbauende und „ernährende" Beziehungen. Eben dadurch, dass Menschen sich in deiner Nähe stark (wörtlich: empowered) und in Freiheit fühlen können. Angst wirkt immer blockierend. Deshalb sollte ein Leiter immer daran arbeiten, ganz von Kontrolle und Beeinflussung anderer Menschen wegzukommen. *„Wo aber der Geist des Herrn ist, da ist Freiheit"* (1 Kor 3,17). Menschen ohne Freiheit sind nicht sich selbst und verlieren immer mehr ihre von Gott gegebene Identität, war seine zentrale Aussage.

Ein wichtiger Punkt in diesem Zusammenhang sei der *Schalom Gottes*, also Frieden im umfassenden Sinn. Wer das Königreich des Friedens bringt, werde durch Respekt und Liebe die Menschen um sich herum entwaffnen. Frieden und Freiheit gehörten eng zusammen. Nur wo beides wirksam sei, könnten liebevolle und vertrauensvolle Beziehungen wachsen. Das sei es, was den Einzelnen stark mache und ihm den Mut gäbe, sich auf lebensveränderndes Wachstum einzulassen. Das sei ein Schatz, meinte Danny Silk, und auch hier in Bethel geschehe das nicht zufällig, sondern müsse immer wieder erarbeitet und erkämpft werden.

Mark Brookes fragte uns, welche Saat wir von hier mitnehmen und in unserem Leben wachsen lassen wollten und auch welchen Mantel (Bevollmächtigung) wir für unseren Dienst empfangen hätten. Wenn wir das nicht für uns selbst festmachen würden, könne uns der Feind an der Tür alles wieder rauben, war seine deutliche Warnung. Würde man einmal von uns sagen können: Hier ist ein Mann, eine Frau in der Stadt, der/die hat so viel Weisheit oder prophetische Worte oder Vollmacht für Heilung ...?

Das erinnerte mich an das Bild, das Gott mir ein paar Wochen zuvor von der BSSM bzw. Bethel als einer „Pflanzschule" gezeigt hatte. Ich sah verschiedene Werkzeuge bzw. Maschinen, mit denen man

Löcher graben konnte, vom Spaten bis zum Bagger, je nach Größe der Pflanzen, die gesetzt werden sollten. Dann sah ich, wie Jesus verschieden große Bäumchen oder Bäume setzte. Manche waren schon etliche Meter hoch, so wie manchmal Alleenbäume angepflanzt werden, zu deren Pflanzloch man bereits einen Bagger braucht. Er erklärte mir, dass viele Leute, vor allem Studenten, nach Bethel kämen, die über lange Jahre an einem „schlechten Pflanzort" gelebt hätten und einfach in ihrem Wachstum nicht weitergekommen waren. Der Same war gut, der Boden (ihres Herzens) war gut, aber es fehlte an Wasser. Und nun wuchsen diese Bäume „in der Pflanzschule Gottes" in Bethel so gut und holten Jahre des viel zu geringen Wachstums in kurzer Zeit nach. Jetzt benötigte Gott viel größere Pflanzlöcher für sie, neue Wirkungskreise, auch wenn sie vielleicht wieder an ihren alten Ort zurückkehrten. Sie hatten nun auch tiefere Wurzeln und erreichten damit schneller das Grundwasser, das sie zum Leben und zum Wachstum benötigten.

Zwei Psalmworte kamen mir dabei in den Sinn: *„Der Gerechte wird grünen wie ein Palmbaum, er wird wachsen wie eine Zeder auf dem Libanon. Die gepflanzt sind im Hause des Herrn werden in den Vorhöfen unseres Gottes grünen"* (Psalm 92,13 und 14). Und aus Psalm 1,3: *„Der ist wie ein Baum gepflanzt an den Wasserbächen, der seine Frucht bringt zu seiner Zeit, und seine Blätter verwelken nicht."* Das waren Bilder, die sehr zu meinem Herzen sprachen.

Doch trotz dieser neuen, kräftigen Pflanze braucht es immer wieder persönliche Entscheidungen mit viel Mut und Weisheit, damit wir nicht alles wieder ganz schnell verlieren. Wir müssen an dieser Stelle sehr nüchtern sein. Darauf wies uns Mark Brookes hin.

Paul Manwaring stellte uns *Global Legacy* (Weltweites Erbe) vor, ein weltweites Netz, um an Aufbruch interessierte Gemeinden und Pastoren miteinander zu verbinden. Jede Gemeinde kann da mitmachen: Es gibt Internet-Konferenzen, Schulungen für Leiter und vieles mehr. Hier hatten wir auch über unsere Zeit als Studenten der BSSM hinaus die Möglichkeit, mit Bethel in Kontakt zu bleiben. Die Arbeit von Global Legacy machte deutlich, wie sehr Bethel bereits weltweit im Reich Gottes vernetzt ist: Es gibt inzwischen rund um die Erde 500 Schulen nach dem Vorbild der BSSM und z. B. allein in England etwa 400 Gemeinden, die eng mit Bethel zusammenarbeiten.

Darüber hinaus erklärte er uns die sieben Einflusssphären, auch die sieben Berge der Gesellschaft genannt. Letztendlich geht es darum, wo wir als Christen unseren Platz in der Gesellschaft finden sollen bzw. uns von Gott hingerufen fühlen: Familie, Religion, Wirtschaft, Erziehung, Regierung, Kunst/Medien und Naturwissenschaft/Technologie.

Er riet uns, unsere „offenen Türen", also Gelegenheiten, unter dem Gesichtspunkt von Leidenschaften, Fähigkeiten und Finanzen zu prüfen. Wofür brennt mein Herz, was kann ich gut, also auch mit guten Ergebnissen, und wie kommt das unter dem Gesichtspunkt der Finanzen einigermaßen zusammen. Viele Leute haben viele Wahlmöglichkeiten, aber sie wissen nicht, was sie wirklich mögen. Oft liegt es daran, dass sie sich auch selbst nicht mögen, meinte er. Viele sind von Angst getrieben, Angst zu versagen, und sind deshalb leistungsorientiert. Liebe dich selbst und liebe auch das, was du tust, war seine Botschaft. Bei alledem betonte er die Wichtigkeit von innerer Heilung.

Es gehe ganz stark darum, uns auf eine Reise zu begeben, auf der wir herausfänden, was wir wirklich mögen. Wenn wir nicht wissen, was wir wirklich lieben, vergleichen wir uns auch gerne mit anderen und werden undankbar. Doch Gott möchte aus uns Originale machen, die sein Licht an dunkle Orte bringen und ihre Umgebung total zum Positiven verändern. Wir sollen Söhne und Töchter Gottes sein, die immer belehrbar sind, auch wenn wir in einflussreichen Positionen sind. Sein letzter Rat: *Wenn du gehst, stell sicher, dass du bekommen hast, weswegen du hier warst.*

Vom Himmel her leben

Das führte letztendlich wieder zu der großen Frage: Wo befinde ich mich auf der Reise meines Lebens und was nehme ich von hier mit? Ich wusste, ich hatte an der BSSM gefunden, was ich gesucht hatte und noch weit darüber hinaus. Gott hatte mich mitgenommen in sein Land der Gnade und der Freude (und tut es immer noch!). Ich hatte seine wahre Natur kennengelernt: ein großzügiger Vater, der gibt und gibt ... der so voll Freude und Liebe ist, absolut vertrauenswürdig. Ein Vater, der uns an den großartigen Geheimnissen seines

Herzens teilhaben lässt, der uns ernst nimmt und mit uns redet, eben wie ein Vater mit seinem Sohn oder seiner Tochter. Ein Gott, der nicht unbedingt die Hindernisse aus dem Weg räumt, aber mit dem man über Mauern springen kann (vgl. Psalm 18,30).

Und er hatte mir deutlich gemacht: Er wohnt in mir, er selbst ist durch den Heiligen Geist die Quelle in meinem Herzen, an der ich mich erfreuen darf. Ich hatte die Dreieinigkeit Gottes neu kennengelernt: als himmlische Familie von Vater, Sohn und Heiligem Geist, in die ich aufgenommen bin, die mich beziehungsfähig macht und mich „ins Leben liebt".

Und ich hatte die weltumspannende Familie Gottes kennengelernt, Menschen aus verschiedensten Nationen, deren Freundschaft ich nicht missen möchte. Aber auch die Familie Gottes in Aktion, wenn es darum ging, dieses Königreich des himmlischen Vaters aufzurichten und auszubreiten, egal ob in der Gemeinde oder auf der Straße. Dieses Königreich auszubreiten bedeutet eigentlich nichts anderes, als das, was in Gottes Herzen ist, für jeden sichtbar und erlebbar zu machen.

Genau das meinte Jesus, als er seinen Jüngern die Anweisung gab: „Geht aber und predigt und sprecht: Das Himmelreich ist nahe herbeigekommen. Macht Kranke gesund, weckt Tote auf, macht Aussätzige rein, treibt böse Geister aus" (Mt 10,7.8). Gottes Herzschlag und seine Liebe für uns Menschen drückt sich ganz real erlebbar in Krankenheilung, Totenauferweckung und Befreiung aus.

Ich hatte außerdem gelernt, dass es sehr auf unsere Gedanken ankommt, dass sie eben nicht frei sind, wie es ein altes deutsches Volkslied besingt. „Words create worlds" (Worte erschaffen Welten). Das galt nicht nur für den Bereich des Prophetischen, sondern auch für unsere Gedankenwelt. Ich hatte erlebt, wie gut es tut, Gottes Gedanken für Menschen und Situationen zu denken und sie dann im Gebet auszusprechen. Dass gerade darin Gottes Freiheit und Gnade besteht, so zu *sein* wie er: so zu denken wie er, so zu lieben, so zu leben wie er. Diese „Kultur der Ehre", die, wie bereits mehrfach erwähnt, in Bethel gelebt wird, ist wesentlicher Teil dieses Lebensstils.

Viele Bibelworte sah ich nun **in einem neuen Licht**. *„Die Strafe liegt auf ihm, auf dass wir Frieden hätten und durch seine Wunden sind wir geheilt"* (Jes 53,5 bzw. 1 Petr 2,24). Es liegt viel mehr an dem, was Jesus für mich am Kreuz getan hat, als an dem, was ich jemals für Jesus hätte tun können. „Es ist vollbracht" – Jesu letzte Worte am Kreuz – waren für mich nun eine Quelle tiefen Friedens. Das Problem der Sünde und der Anklage war ein für alle Mal gelöst: *Ich kann zur Ruhe kommen, diesem Sieg Jesu ist nichts mehr hinzuzufügen.*

Ich hatte in Bethel erkannt, dass ich vorher die Tendenz hatte, aus dem Gesetz, das heißt aus Richtig und Falsch zu leben. Das führte natürlich leicht zu Verdammnis und zu Niedergeschlagenheit. Und davon hatte ich genug. Dieses „Sünder-Bewusstsein" fokussiert uns sehr leicht auf genau das, was wir vermeiden wollen, nämlich Sünde und Versagen. Letztendlich verbiegt es unsere Identität als Kinder Gottes. Wir definieren uns leider oft nach unserem Versagen.

Doch mit Jesus sind wir eine neue Kreatur, ein neues Zeitalter ist angebrochen: die *„herrliche Freiheit der Kinder Gottes"* (Röm 8,21). *„Gottesbewusstsein"* ist die Lösung des Problems. Ich schaute nun mehr auf Jesus, den Problemlöser, und nicht auf meinen Mangel oder mein Versagen oder was ich um mich herum an Negativem wahrnahm. Bill Johnson hatte es in einer Predigt einmal so formuliert: Wovon ernährst du dich? Von den Fehlern der anderen oder von dem Segen, den Gott (im anderen) wirkt, also den Wundern, Herzensveränderungen etc.

In den Healing Rooms hatte ich es „rauf und runter" gelernt: *Jesus heilt* ... und nicht unsere (wohl formulierten) Gebete. Der Grundsatz galt: Geh innerlich einen Schritt zur Seite, lass ihn das machen und assistiere ihm dabei. Deshalb hatten wir auch so viel Freude bei diesem Dienst ... und es gab so viel Neues zu lernen. Jede Heilung war wieder anders. „Wenn ihr nach drei Stunden Dienst in den Healing Rooms erschöpft seid, habt ihr etwas falsch gemacht", so hörten wir es immer wieder. Ich ging eigentlich immer erfüllt und wohl gelaunt von dort weg. *„Wenn ihr nicht werdet wie die Kinder ..."*, und die wissen genau: Unser Papa kann's, unser Papa hat alles im Griff, er macht das schon.

Ich glaube, dass die allermeisten Leute auch bei „Nichtheilungen" ermutigt und erfrischt den Ort verließen. Vielleicht musste auch erst mal ihr Bild von Gott und von sich selbst heil werden, so wie bei mir, bevor sich die „äußere" Heilung in ihrem Körper ausbreiten konnte.

Heil sein und heilig sein, das liegt zumindest im Deutschen und auch im Englischen (whole = ganz; holy = heilig) sprachlich sehr nah beieinander. Und es macht Freude und tut gut, ganz (= mit Gott und mit sich selbst im Einklang) oder heil zu sein, genauso wie es Freude macht, heilig zu sein. Diese Erkenntnis war neu für mich, daran musste ich mich erst gewöhnen – nämlich dass heilig sein nicht anstrengend ist, sondern „aus uns heraus fließt", weil es unsere Bestimmung, unsere Natur als Kinder Gottes ist. Ganz besonders, wenn wir immer mehr Zeit in Gottes Gegenwart verbringen bzw. unser Leben aus seiner Gegenwart heraus leben.

Je länger ich über diesen Zusammenhang nachdachte, umso mehr musste ich erkennen: Wir Menschen sind „hoffnungslos" auf Vollkommenheit programmiert, eben weil wir erschaffen sind in der Ebenbildlichkeit Gottes. Empfangen wir dieses Vollkommensein nicht als ein Gnadengeschenk von Jesus, wollen wir es selbst produzieren. Das führt oft zu Perfektionismus und damit in eine Sackgasse. Immer mehr empfand ich Gottes Reich als ein *„Ich bin"-Reich* und nicht so sehr als ein „Ich mache"-Reich. Wenn wir in Gottes Gegenwart, das heißt aus Gottes „Ich bin" heraus leben und arbeiten, so ordnet sich alles andere, unser Alltag, unsere schwierigen Umstände usw. diesem Sein Gottes unter. Da müssen wir gar nicht mehr viel „machen", das heißt, uns aus eigener Kraft abmühen. Dies geschieht so zwangsläufig und mühelos wie bei einem Naturgesetz. Gottes Ordnung, genauer gesagt *sein Friede* (vgl. 1 Kor 14,33) durchdringt dann alles.

Viele dieser Dinge hatte ich wie kleine Puzzleteile schon in früheren Jahren erkannt. Aber jetzt war so vieles zusammengekommen und ergab ein ganzes Bild. Eines war klar: Ich hatte ein *Erbe* empfangen und dieses war für mich wie ein kostbarer Schatz. Müsste ich diesen Schatz mit einem Schlagwort beschreiben, so würde ich sagen: *vom Himmel her leben.*

Abschied von besonderen Orten

Trotz dieser Schätze im Reisegepäck meines Lebens fiel der Abschied nicht so leicht, nicht von Menschen und auch nicht von Orten. Einer davon war das Alabasterhaus, das bereits erwähnte 24/7-

Gebetshaus von Bethel. Es war benannt nach Marias Alabaster-fläschchen, das sie zerbrochen hatte, um das kostbare Nardenöl über Jesus auszugießen (vgl. Mk 14,3). Dieses Gebetshaus lag an der Auffahrt zum Bethel-Gelände, an der Straße der Nationen, die von Flaggen verschiedenster Länder gesäumt war. Es war eine Oase der Ruhe und der Schönheit, bis in die Außenanlagen hinein. Der Wasserfall, der Löwe, der darüber wachte, der kleine Teich, ver-träumte Sitzbänke, kleine Wege, Blumen und Bäume, alles lud zum Verweilen ein. Beten und Gott begegnen fiel hier allen besonders leicht.

In diesem Haus hatte ich eigentlich viel mehr Zeit verbringen wol-len, aber oft hatte ich es zeitlich und kräftemäßig einfach nicht mehr geschafft. Doch Gott hatte mir immer wieder gezeigt, dass die Zei-ten, die ich oft frühmorgens in unserem Cottage mit ihm verbrachte, für ihn (und für mich) genauso wertvoll waren. Da hatte er unbe-dingt recht.

Die waren auch nicht weniger romantisch, oft untermalt vom Schrei der kanadischen Wildgänse, die immer morgens so zwischen sieben und acht Uhr über unser Häuschen flogen. Es gab überall kleinere und größere Teiche, an die sie sich zurückziehen konnten. Und natürlich nicht zu vergessen das Quaken der Frösche, die mun-ter den ganzen Winter – auch in den Nächten – durchhielten, trotz häufiger Minustemperaturen. Wir zerbrachen uns den Kopf, wie sie das überleben konnten. Irgendwann kamen wir dahinter: Die Tem-peraturen sanken bei Nacht nie unter ca. -7 Grad Celsius und gingen tagsüber in den Plusbereich. Das reichte ihnen offensichtlich zum (Über)leben, weil das Wasser nie wirklich gefror. Wahrscheinlich ging es ihnen im feuchten Winter sogar viel besser als im brütend heißen, trockenen Sommer von Redding, wo die Temperaturen sogar über 45 Grad Celsius (!) hinausgehen konnten.

Sehr zur morgendlichen, romantischen Stimmung trugen auch die Kolibris bei. Ich konnte sie bequem vom Bett aus beobachten, wenn sie zur Tränke kamen. Diese hatte die Form eines Trichters, der mit Zuckerwasser gefüllt und unten mit roten Plastikblüten ver-sehen war, aus denen sie trinken konnten. Rot ist die Lieblingsfarbe der Kolibris. Die Tränke hing am Zweig eines Mammutbaumes, der vor unserem Häuschen stand. Schwirrend „standen" sie zum Trinken in der Luft, mit metallisch glänzendem Gefieder. Die grün-violetten gefielen uns besonders gut.

Es gab aber auch ein paar Schlaue, die herausgefunden hatten, dass diese „Blüten" stabiler waren als die natürlichen. Vor allem während der Winterzeit sparten sie ihre Energie und setzten sich zum Trinken einfach auf die Blüten. Kolibris fressen außerdem Insekten und wären auch ohne unsere Tränke über den Winter gekommen.

So war ich morgens nicht nur mit meinem Schöpfer, sondern auch mit seinen Geschöpfen zusammen. Wildgänse, Frösche und Kolibris würde ich zu Hause bestimmt vermissen. Doch, wie gesagt, das Gebetshaus würde mir bestimmt auch sehr fehlen. Ich ging wenige Tage vor unserem Abflug noch einmal hoch zum Alabasterhaus auf dem „Bethel-Berg" und genoss die Ruhe vor dem Sturm des Aufbruchs. Viele unserer Besucher aus der Heimat hatten hier auch so manche Stunde verbracht, und unser Jugendreferent träumte sogar davon, so ein Haus bei uns daheim zu starten. Ich glaube, die Zeit wäre reif dafür.

Gott ganz nah – im Gebetshaus

Ich schaute vom Gebetsraum mit den riesigen Fensterscheiben hinaus auf die Wiese, die hinter dem Haus lag. Hier hatten mein Mann und ich ab und zu unsere wöchentliche Gebetszeit (eine Stunde, die sich jeder Student selbst aussuchen konnte) gemeinsam verbracht, mit Saxofon und Gitarre zur Umrahmung sozusagen.

Als ich den Gebetsraum verließ, hielt ich kurz im Flur inne. Ein ungewöhnliches Erlebnis kam mir in den Sinn. Genau an dieser Stelle war ich vor wenigen Monaten in ein interessantes Gespräch verwickelt worden, oder sollte man es eher eine heiße Debatte nennen?

Es war damals schon recht spät gewesen. Doch irgendwie hatte ich noch die Kurve gekriegt, einen kleinen Abstecher ins Gebetshaus zu machen. Draußen war es dunkel, weshalb die Scheiben des Gebetshauses wie ein Spiegel wirkten. Ich sah aus meinem Winkel eine kleine Gruppe von Männern, die leise miteinander flüsterten. Das war ungewöhnlich für diesen Ort des Gebets und eigentlich nur draußen auf dem Flur üblich. Zwei davon kannte ich, es waren

Studenten der BSSM; der dritte Mann – so etwa Mitte dreißig – war mir unbekannt. Nach ein paar Minuten verließen sie den Raum.

Als ich einige Zeit später ebenfalls den Raum verließ, hatte ich die kleine Szene schon wieder vergessen und war überrascht, die drei heftig debattierend im Flur anzutreffen. Sie bezogen mich sofort mit ein. Der dritte, mir unbekannte Mann war sehr aufgeregt. Er konnte sich fast nicht beruhigen, weil im Gebetsraum eine solch starke Kraft oder Gegenwart Gottes spürbar gewesen sei. Selbst hier draußen sei sie noch da. So eine Kraft Gottes bräuchte er dringend, dann könne er ganz sicher vom Alkohol wegkommen, meinte er. Viele seiner menschlichen Beziehungen seien am Zerbrechen wegen dieser Sucht. Er wollte unbedingt wissen, wie er dauerhaft mit diesem Gott und seiner Kraft in Verbindung bleiben könne – so wie wir. Wir würden das so stark ausstrahlen. Wir erklärten ihm abwechselnd, was es mit Sünde, Vergebung und diesem liebenden „Kraft-vollen" Gott auf sich hatte.

Plötzlich meinte er, er müsse dringend wieder zurück in den Gebetsraum. Seine schlimmen Gedanken kämen ständig zurück, und drinnen könne er es viel besser aushalten, da sei die Gegenwart Gottes stärker. Im Gebetsraum beruhigte er sich sofort wieder und strahlte.

Wir waren tief beeindruckt, wie die Gegenwart Gottes ihn anzog. Trotzdem war deutlich spürbar, dass in ihm immer noch ein Kampf tobte. Die Jungs luden ihn für den nächsten Tag zum Gottesdienst ein, er solle sie anrufen, sie würden ihn auf jeden Fall abholen. Und so verabschiedeten wir uns kurz vor Mitternacht von dem Fremden.

Später erfuhr ich dann von den beiden Studenten – einem Holländer und einem Schweizer – die erstaunliche Vorgeschichte. Sie waren an diesem Abend, wie sie das öfters taten, in eine Bar in Redding gegangen. Sie wollten bewusst mit „gestrandeten" Leuten in Kontakt kommen und ihnen von Jesus erzählen. Wie sie so dasaßen, sei plötzlich besagter Fremde auf sie zugekommen. Er habe sie angeschaut und ihnen ohne Umschweife erklärt, dass er deutlich Gottes Gegenwart spüren könne, wenn er sie anschaue. Dann habe er sie genötigt, nach draußen zu kommen, und habe, ohne dass sie ihn dazu aufgefordert hätten, all das vor Gott ausgebreitet, was ihn an Sünde und Schuld in seinem Leben belastet habe. Er war dabei nicht etwa angetrunken, sondern in völlig nüchternem Zustand. Anschließend waren sie mit ihm zum Alabasterhaus gefahren, wo ich sie getroffen hatte.

Das Alabasterhaus – das 24/7-Gebetshaus der Bethel Church

Ich danke Jesus für dieses Erlebnis. So nah war ich Erweckung (fast) noch nie gewesen. „Du *bist* Erweckung, du brauchst nicht auf Erweckung zu warten", so hatte ich Chris Gore, den Leiter der Healing Rooms, einmal predigen hören. Durch dieses Erlebnis wurde diese Aussage für mich erst richtig lebendig und erfüllte mich mit Hoffnung und Glauben. Wir konnten also für andere ein „Fenster zum Himmel" sein – sogar *ohne Worte*, einfach nur, indem wir uns zum Beispiel im gleichen Raum aufhielten. Das hatte ich bisher nur von Smith Wiggelsworth und anderen Glaubenshelden gehört. Diese Dimension des Reiches Gottes beeindruckte mich sehr.

Abschied von Kalifornien

Wenn man ein Land verlässt, geht man wie gesagt gern noch einmal zu den Orten, die einem besonders gefallen haben. Leider hat es uns nicht mehr gereicht, nochmals zum *Whiskeytown Lake* hinauszufahren, einem Stausee ca. 20 km von Redding entfernt. Sein Name stammt aus den alten Goldgräberzeiten und gab manchen Anlass zu Heiterkeit unter unseren Besuchern. Es ist ein idyllisch gelegener See umrahmt von Bergen, die zum Teil fast 2000 m hoch sind.

Und ja, man kann an den kleinen Flüssen dort auch heute noch Gold waschen (☺), wenn man sich beim *Visitor Center* (Besucherzentrum) die nötige Ausrüstung und gegen einen Dollar die Goldwaschlizenz besorgt. Das klare und relativ warme Wasser des Sees lädt bis in den Oktober hinein zum Baden ein. Wir hatten dort im Herbst manche Stunde verbracht, im Wasser mit dem Kanu oder zum Schwimmen – und an Land mit den Hausaufgaben. Jetzt im Frühjahr war es leider viel zu kalt für solche Aktivitäten.

Auch zum *Yosemite Park* sind wir Mitte Mai noch einmal gefahren. Bei herrlichem Frühsommerwetter bestaunten wir ausgiebig die gewaltigen Wasserfälle, die jetzt, während der Schneeschmelze, besonders beeindruckend waren. Auf der Fahrt dorthin fuhren wir auf dem berühmten Highway 49, der alten Goldgräberstraße, die durch die bezaubernden *foothills* (Vorberge) der Sierra Nevada führt. Sutter Creek, ein kleines, sehr schmuckes ehemaliges Goldgräberstädtchen, benannt nach dem legendären Entdecker des kalifornischen Goldes, hatte es uns besonders angetan. In der Nähe gab es viele Bergwerkstollen, in denen man Gold zu Tage gefördert hatte. Wenn es nach uns gegangen wäre, hätten wir nach der *graduation* (Feier zum Schulabschluss) wahrscheinlich noch etliche Wochen in Kalifornien verbracht, aber unser Visum lief aus. Und das war auch gut so. Die Heimat wartete auf uns.

Bridalveil Fall im Yosemite Nationalpark

16

Auf der Heimreise

So genau wissen wir beide nicht mehr, wie wir es letztendlich doch noch schafften, unseren Flug von Redding nach San Francisco rechtzeitig zu erreichen. Wir mussten an diesem Morgen noch unser Auto abmelden und unendlich viel erledigen. Zwar hatten wir schon einiges „vorgearbeitet", aber alles war leider nicht möglich gewesen. Unsere Abreise war gleichzeitig eine Art Umzug. So sah das Ganze auch aus, mit zusätzlichem Reisegepäck, Gitarre und Saxofonkoffer. Was hätten wir auch gemacht, wenn nicht unser Freund Mike (Name geändert) aus Hawaii aufgetaucht wäre, der uns dann zum Flughafen brachte. Er saß auf unserer Couch wie ein ruhender Pol, betete und ermutigte uns und dankte Gott für die wunderbare Zeit, die wir hier hatten verbringen dürfen. Besser hätte er uns überhaupt nicht helfen können. Er hatte so eine wunderbare Art, die Atmosphäre um sich herum zu verändern: Früher oder später lächelten alle und waren gut gelaunt. Abschiedsschmerz kam also nicht auf; wir waren einfach nur dankbar für alles Erlebte und Gelernte.

Es war wohl kein Zufall, dass ein Hawaiianer uns zum Flughafen für unseren Flug nach Hawaii brachte. Gott hat einfach Sinn für „Zufälle". Wir hatten von einem Ehepaar aus Hawaii eine Einladung nach Maui bekommen. Darüber waren wir sehr glücklich. In diese Zeit fiel auch unser Hochzeitstag, den wir dort feiern wollten. Dieses Ehepaar war mit uns in John's Revival Group gewesen und gehörte bald zu unseren engsten Freunden. Ihre Kinder waren im gleichen Alter wie unsere, und auch sonst verband uns vieles. Wir freuten uns, dass wir noch eine Weile mit Freunden aus Bethel zusammen sein würden. Unser Visum galt noch bis Mitte Juni.

Als unser kleiner Flieger dann endlich abhob und wir das Land, in dem wir neun Monate gelebt hatten, ein letztes Mal aus der Luft sahen, wurden wir doch ein wenig wehmütig. Wann würden wir es wiedersehen?

Auf Hawaii

Hawaii hat im Vergleich zu Kalifornien nochmals drei Stunden Zeitverschiebung, also insgesamt zwölf Stunden (später) im Vergleich zu Deutschland. Als wir nach zwei Zwischenlandungen in San Francisco und Honolulu (auf Oahu) endlich auf dem kleinen Flughafen in Kahului/Maui landeten, war es eigentlich schon 2 Uhr nachts. Wir wurden von unseren Freunden mit Blumengirlanden und großer Wiedersehensfreude empfangen. Wir genossen es sehr, am anderen Ende der Erde im Haus von lieben Freunden willkommen geheißen zu werden.

Und sie hatten ein sehr schönes Haus, in der Ferne die Stadt Kahului mit Hafen und dem unendlich weiten Pazifik und in die andere Richtung etwas weiter weg der riesige Haleakala, der legendäre Vulkan von Maui. Im Garten gab es Palmen und Ananas, und die Temperatur lag tagsüber immer bei angenehmen 25–30 Grad Celsius. Auf der Terrasse gab es noch einen kleinen Sektempfang für uns, ehe wir sehr müde in unsere Betten sanken.

Am nächsten Morgen wachte ich recht früh auf und setzte mich ein bisschen ins Wohnzimmer. In der Stille sprach Gott zu mir, über unsere Freunde, über dieses Haus und ... über Hawaii. Vieles ging um Einheit in der Ehe und der Stärke, die aus der Einheit von (mehreren) Paaren erwächst. Hawaii ist ja klassischerweise der Ort, von dessen Schönheit sich Paare angezogen fühlen, um ihre Flitterwochen dort zu verbringen. Wir sahen immer wieder Trauungen am Strand.

Was wir später auch über Hawaii erfuhren: Es war gerade mal 100 Jahre her, dass über 90 % der Menschen auf Maui und wohl auch auf den anderen Hawaii-Inseln Christen waren. Missionare waren vom Osten der USA gekommen und hatten hier offensichtlich sehr gute Arbeit geleistet. Leider hatten sie auch sonstige westliche „Errungenschaften" mitgebracht, zum Beispiel Großgrundbesitz, vor allem in Sachen Zuckerrohranbau. Auf die Dauer war das nicht mehr so überzeugend für die Hawaiianer und sie hatten sich wieder vom christlichen Glauben entfernt.

Strand bei Wailea auf Maui/Hawaii

Was aber unsere Freunde auf jeden Fall bestätigten: dass Gott diese alten Quellen wieder aufgraben möchte ... wie an so vielen Orten auf dieser Erde. Es gab dort eine lebendige kleine Gemeinde, die mit Bethel zusammenarbeitete und im Jahr zuvor auch eine Schule des Dienstes wie Bethel gestartet hatte. Wir besuchten später ihre Gottesdienste und fühlten uns „wie zu Hause".

Hawaii ist in mancherlei Hinsicht ein besonderer Ort, nicht nur wegen seiner exotischen Schönheit und der überwältigenden Fülle an Blumen. Es liegt im Zentrum des Pazifischen Feuerrings, einem sehr aktiven Vulkangürtel, der den Pazifischen Ozean säumt. Er besteht großenteils aus einer Reihe von Inselbögen, z. B. den Aleuten, Marianen, Philippinen und Salomonen im Westen bzw. Nord- und Südamerika am östlichen Rand. Auch die Ostküste Australiens (Großes Barriere-Riff) und Neuseeland gehören dazu. Eine wahrhaft „heiße" Gegend.

Der neue Tag

Als ich so über Hawaii nachdachte, fiel mir wieder eine interessante „Unterredung mit Gott" ein, die ich ziemlich zu Beginn meiner Zeit in Bethel Ende September gehabt hatte. Es war während einer Lobpreiszeit im Sonntagmorgengottesdienst. Ich dachte darüber nach, dass ich hier – in Kalifornien – doch ziemlich und buchstäblich am Ende der Welt sei. Zu Hause waren sie schon mit dem Abendgottesdienst fertig, als wir hier erst loslegten. Ich kam mir in diesem Augenblick einfach so abseits vor im fernen Kalifornien.

In diesem Moment flüsterte Gott mir zu: „Du weißt doch, der Wein, den ich zum Schluss serviere, ist der beste" (vgl. Joh 2,10). Ich musste lächeln, er hatte mal wieder recht. Dann fuhr er fort: „Und jetzt schau hinaus auf den Pazifik. Drei Stunden von hier ist die Datumsgrenze. Der ‚alte' Tag geht zu Ende." In diesem Moment sah ich Jesus auf die Datumsgrenze treten und mit dem „neuen" Tag Richtung Osten gehen; ich empfand sehr deutlich, dass er Richtung Israel ging. Ich wusste nicht so recht, was ich mit dem Ganzen anfangen sollte, aber irgendwie fand ich es sehr bedeutsam.

Zwei Wochen später predigte Bill Johnson im Abendgottesdienst. Es ging um einen Regen, der kommen sollte, um den er dringlich bat. Er zitierte Sacharja 10,1: *„Bittet den Herrn, dass es regne zur Zeit des Spätregens."* Und das taten wir dann auch. Dann rief er die *ganze* Gemeinde nach vorn, wir sollten ganz nah zu ihm kommen wie eine versammelte Familie, er habe uns etwas Wichtiges mitzuteilen. Ich habe so einen Aufruf während meiner Zeit in Bethel nur dieses eine Mal erlebt. Die Leute standen dicht gedrängt, sogar die Bühne war voll.

Dann sprach er von dem „neuen Tag", der kommen würde, den Gott ihm gezeigt hatte. Ich war ganz Ohr. Leider konnte ich wegen Englisch – damals war ich noch nicht so fit – und dem allgemeinen Gedränge nicht sehr viel verstehen. Aber es war für mich eine Bestätigung dessen, was Gott mir zwei Wochen zuvor gesagt hatte. Ich schaute auf meine Armbanduhr: Das Datum zeigte den 10.10.10 an. Gott hat großen Sinn für Symbolik, und bei ihm gibt es keine Zufälle. Zehn ist (auch laut Bibel) die Zahl der Multiplikation.

Nun saß ich also viele Monate später „einen Steinwurf" von dieser Datumsgrenze weg auf einer Insel, die einmal ganz stark als Gottes

Quelle gesprudelt hatte. Je länger ich darüber nachdachte, umso mehr empfand ich, dass hier, im Pazifik, Welten aufeinanderprallten: Einerseits spiegelten diese Inseln die romantische Liebe zwischen Braut und Bräutigam wider, die ja in der Bibel mit Jesus und der Gemeinde verglichen wird. Gottes Liebe hatte sich vor hundert Jahren so gewaltig den Inselbewohnern gezeigt.

Andererseits tobten hier die Naturgewalten: Neuseeland und Japan, die beiden Länder, die zu Beginn des Jahres 2011 heftige Erd- und Seebeben erlebten, gehören ja zu diesem pazifischen Feuerring (Vulkanring). Die Ureinwohner von Hawaii waren tief beeindruckt und gleichzeitig auch in Angst und Schrecken versetzt von diesen Naturgewalten. Sie beteten ihre Vulkane, den Pazifik und vor allem den Hai an. Sie haben vor Letzterem auch heute noch größten Respekt, wie wir im großen Aquarium auf Maui erfuhren, wo man alle Arten von Haien in Schwimmbassins bewundern konnte.

Liebe gegen Angst – würde auch hier noch einmal ein „neuer Tag" Gottes beginnen, wie ihn Bill Johnson ausgerufen hatte? Ich freute mich jedenfalls, dass uns Gott zu einer so alten-neuen Quelle geführt hatte. Damit meine ich nicht nur Hawaii, sondern auch unsere Gastfamilie, bei der dieser „neue Tag" schon angebrochen war. Sie waren selbst eine lebendige, sprudelnde Quelle, und es war uns eine Ehre und eine Freude, ihre Gäste zu sein.

An den Moravian Falls

Nach einer wundervollen Zeit in Hawaii verließen wir die Inseln in Richtung San Francisco. Noch aus der Luft staunten wir über ihre Schönheit und das unfassbare Blau des Meeres, das sie wie ein türkisblauer Teppich umgab.

Wir wollten noch in den Osten der USA nach North Carolina, um einen Freund, den wir von zu Hause kannten, zu besuchen. Er leitete dort eine *School of Ministry* (Schule des Dienstes), zusammen mit Freunden aus Toronto. Unsere Flüge dahin gestalteten sich mehr oder minder abenteuerlich und wir brauchten zwei Tage, bis wir endlich – durch Gewitterwolken hindurch – in Charlotte/North Carolina landen konnten (wie bereits in Kapitel „Freude am Prophetischen" beschrieben).

Schon aus der Luft empfand ich: Das war „liebliches Land" (Psalm 16,6). Unser Ziel war eigentlich der Besuch des besagten Freundes, aber Gott hatte noch ein ganz anderes Ziel für uns ausgesucht: die *Moravian Falls* (Herrnhuter Wasserfälle). Wir wussten, sie mussten ganz in der Nähe von Charlotte sein. Wir hatten schon ein bisschen im Internet gestöbert und nach Übernachtungsmöglichkeiten geschaut. Dabei stießen wir auf die Geschichte der Moravian Falls. Die Mährener Brüder (historisch Morava, Gebiet im heutigen Tschechien), ursprünglich eine Gemeinschaft von sogenannten Wiedertäufern, die nach der Reformation heftig verfolgt wurden, fanden auf dem Landgut von Graf von Zinzendorf um 1722 einen Zufluchtsort. Im August 1727 wurden sie in ihren Versammlungen gewaltig von Gottes Gegenwart und Liebe erfasst. Von dort ging in den folgenden Jahren eine große Missionsbewegung vor allem in Richtung Karibik und Afrika aus. Sie hielten weit über hundert Jahre in lückenloser Kette Gebetswachen, ein Vorläufer und Vorbild für heutige 24/7-Gebetshäuser. So weit ist ihre Geschichte ja ziemlich bekannt. Was aber neu war für uns: Einige der Herrnhuter Brüder gingen nach Nordamerika, zunächst nach Pennsylvania. Ihr wichtigstes Missionsziel war dort die – teilweise erfolgreiche – Bekehrung von Indianerstämmen. Einem davon folgten sie bis nach Kansas. Interessant, dass es dort, in Kansas City, heute ein weltweit bekanntes 24/7-Gebets- und Lobpreishaus gibt. Ist das auch so eine Geschichte einer alten Quelle?

Doch zurück zur Ostküste der USA. Einige der Herrnhuter wanderten in den Süden weiter und gründeten Salem (heute Winston-Salem, Salem bedeutet Friede), eine Stadt in North Carolina ganz in der Nähe der Moravian Falls. Dort betrieben sie Landwirtschaft und unterhielten direkt an den Wasserfällen eine Sägemühle. Vor allem aber hielten sie an dem 24/7-Gebetsdienst fest.

Der idyllisch in den *foothills* (Vorbergen) der *Smoky Mountains* (Teil der Appalachen) gelegene Wasserfall ist in Privatbesitz und gehört zum Dorf Moravian Falls. Er zieht auch heute noch Menschen an, die sich zu Gebet und erfrischenden Zeiten mit Gott zurückziehen wollen. Noch mehr als das: Viele Gebets- und Lobpreishäuser sind in den letzten Jahren bzw. Jahrzehnten in den Bergen wenige Meilen ringsum entstanden. Zufall?!

Rick Joyner, dessen prophetischer Dienst *Morning Star Ministries* im Süden von Charlotte in Fort Mills beheimatet ist, beschreibt in Kapitel 5 seines unlängst erschienenen Buches „A prophetic history" (Eine prophetische Geschichte), wie Gott ihn zu den Moravian Falls geführt hat. Er kannte dieses Dorf nicht und musste es mit Hilfe einer sehr exakten Prophetie seines Freundes Bob Jones auf der Landkarte suchen. Gott drängte ihn, sich dort in irgendeiner Form niederzulassen. Schlussendlich hat er dort ein größeres Stück Land nebst Blockhaus gekauft und später noch weitere Gebäude errichtet. Es dient ihm und seiner Gemeinde als Rückzugsort für Gebet und Begegnungen mit Gott. Wie gesagt, „liebliches Land", die ganze Gegend strahlt das aus. Und Gott selbst hat diese alte Quelle wieder zum Sprudeln gebracht.

Wir hatten uns nach dem Gottesdienst bei Morning Star Ministries noch etwas Zeit gelassen, um deren wunderschönes Gemeindezentrum zu bewundern nebst Außenanlagen mit See etc. und trafen deshalb erst gegen Abend in Moravian Falls ein. Wir wussten zu diesem Zeitpunkt noch nicht, wo wir über Nacht bleiben sollten. Aber Gott hatte uns schon etwas reserviert: eine *cabin* (Ferienhütte) direkt an den Wasserfällen. Sie war erst vor zwei Jahren gebaut worden und wurde gerade an dem Tag frei, an dem wir anreisten.

Wir blieben dort zwei Tage und genossen die Gegend und das liebevoll eingerichtete Ferienhaus. Doch mehr noch als die Natur beeindruckte uns, was Gott uns dort zeigte. Mir schien die Zeit in Bethel und alles, was wir dort gelernt hatten, wie eine Vorbereitung für hier zu sein. Das waren sozusagen *„unsere" Quellen,* weil sie bedeutsam waren für die Nation, aus der wir kamen, für Deutschland.

Gott sprach zu uns, dass er diese gewaltige Quelle der Herrnhuter auch in Deutschland wieder zum Sprudeln bringen wolle. Das Besondere an der Bewegung der Herrnhuter war neben dem 24/7-Gebet und der weltweiten Mission, dass sie „den Stab" lange Zeit erfolgreich an nachkommende Generationen weitergaben. Viele Erweckungen sind ja gerade deshalb wieder „eingeschlafen", weil die Väter den Kindern offensichtlich das Erbe nicht weiterreichen konnten. Gebetswachen in lückenloser Folge von über hundert Jahren, wie sie die Herrnhuter hatten, sind dagegen schon beeindruckend. Gott ist ein *Gott der Generationen,* „der Gott Abrahams,

Isaaks und Jakobs". Das wollte er uns nochmals an den Wasserfällen selbst deutlich machen.

Die Moravian Falls bestehen aus zwei Stufen: Der obere Wasserfall fließt über einen breiten Felsen in ein Becken, und aus diesem Becken fließt dann der untere Wasserfall. Das konnte man eigentlich nur von oben, von unserem Ferienhaus aus deutlich sehen. Von unten sah es fast wie ein einziger Wasserfall aus. Die oberen Wasserfälle (Vätergeneration) füllen das Becken (Erweckung, Aufbrüche), aus dessen Überfluss die unteren Wasserfälle (die nächste Generation) herausfließen ... und so weiter. Ist schon „ein gefülltes Becken" vorhanden, ist es für die folgende Generation natürlich viel leichter, in Gottes Strom zu fließen.

Um ein Beispiel zu nennen: Bill Johnson ist Pastor in der fünften Generation und betonte immer wieder, was das für ein Segen für ihn sei ... und sicherlich auch für seine Gemeinde. Im Bild der Wasserfälle wurde mir das sehr deutlich.

Kris Vallotton erzählte uns einmal unter Tränen die bewegende Geschichte, wie Gott ihn, dessen Vater schon früh gestorben war und der sehr stark unter Stiefvätern zu leiden hatte, in eine solche „Väter-Linie" eingepflanzt habe. Der Vater Bill Johnsons lag im Sterben und seine ganze Familie, Kinder, Enkel usw. waren um sein Bett versammelt. Da bat er darum, man möge doch Kris Vallotton auch herzurufen. Als dieser kam, ließ Bill Johnsons Vater ihn an sein Bett rufen und versicherte ihm, wie lieb er ihn habe und dass auch er zur Familie gehöre. Das ist Gottes Art, zerbrochene Herzen zu heilen und die nächste Generation „zum Überfließen" zu bringen.

Ich denke, dass auch die folgende Geschichte in diesem Zusammenhang von Bedeutung ist. Ein Gastredner gab in Bethel vor längerer Zeit die Prophetie weiter, dass Erweckung durch die junge Generation kommen würde. Kris Vallotton erzählte uns, dass er bei diesen Worten sehr unruhig geworden sei. In kurzer Folge kamen dann noch drei weitere Gastredner, jeder mit demselben prophetischen Wort. Jedes Mal ging es Kris Vallotton schlechter, ohne dass er es sich erklären konnte, was hier nicht in Ordnung war. Beim vierten Propheten verließ er sofort den Saal und fuhr nach Hause, wo er eine schlimme Nacht verbrachte. Gott offenbarte ihm dann, was „nicht stimmte": Es braucht *die ganze lebende Generation* von

Christen, um Erweckung hervorzubringen, nicht nur die Jungen. Ohne das Zusammenwirken und die gegenseitige Unterstützung, Wertschätzung und Ermutigung von Jung und Alt kann es keine (dauerhaften) Aufbrüche im Reich Gottes geben. Eine der praktischen Auswirkungen dieser Erkenntnis in Bethel: In der BSSM sind Studenten jeglichen Alters zugelassen und der Umgang von Alt und Jung miteinander ist sehr positiv.

An den Moravian Falls sah ich jedenfalls vieles, was ich in Bethel gehört hatte, nochmals in einem neuen Licht. Es war eine kurze, aber sehr kostbare Zeit für mich. Gott gab uns an diesem „Generationen"-Wasserfall auch sehr ermutigende Worte für unsere Kinder aus Jesaja 44,3-4. Wir verließen den Ort mit dem klaren Eindruck, dass Gott diese Quelle in Deutschland stark freisetzen möchte.

Neben dem 24/7-Gebet und dem missionarischen Aspekt steht diese Quelle offensichtlich auch ganz stark für Heilung und Einheit. Kurz bevor die Erweckung auf Zinzendorfs Landgut „ausbrach", waren die Mährener Brüder und auch andere verfolgte Gläubige, die sich dort eingefunden hatten, noch eine sehr bunt zusammengewürfelte Gruppe. Sie waren sich, vorsichtig gesagt, nicht immer einig und standen einander teilweise sogar feindselig gegenüber.[1] Doch da sie unter der genialen seelsorgerlich-apostolischen Regie von Zinzendorf taten, was in 2. Chronik 7,14 steht, nämlich *„sich demütigen, beten, Gottes Angesicht suchen und sich von ihren bösen Wegen bekehren"*, antwortete Gott in seiner Gnade mit dem, was er verheißen hatte: *„... so will ich vom Himmel her hören, ihre Sünde vergeben und **ihr Land heilen.**"* Ab diesem 13. August 1727, als Gottes Liebe und seine heilende und vereinende Gegenwart so stark unter ihnen aufbrach, *waren sie nicht mehr dieselben.* Sie hatten die Gnade Gottes erfasst wie kaum jemand zu ihrer Zeit, der „tägliche Umgang mit dem Heiland", wie Zinzendorf es ihnen vorlebte,[2] machte aus ihnen eine fröhliche und unbeschwerte Gemeinschaft. Trotzdem waren sie tüchtige Handwerker und hatten beide Füße auf dem Boden. Es wurde zum brennenden Ziel ihres Lebens, diese rettende und heilende Gnade Gottes überall dahin zu bringen, wo Gott sie hinschickte. Und wenn es bis an die Enden der Erde wäre.

---

[1] vgl. Erika Geiger, *Nikolaus Ludwig Graf von Zinzendorf,* Hänssler 2009, S. 114 ff.
[2] Ibid., S.. 280 f.

Mir wurde dort und auch in den folgenden Wochen wieder zurück in der Heimat immer mehr bewusst, wie sehr ich selbst immer wieder Gottes heilende Berührung brauchte: einfach auf dem Schoß des Papas zu sitzen, seine Liebe aufzusaugen und darin heil zu werden. Mir wurde das mehr und mehr zur persönlichen Quelle. Der Unterschied zu früher war, dass diese Quelle für mich jetzt *viel realer* war.

Das war eine der positivsten Auswirkungen meiner Zeit in Bethel: Mein Leben mit allem „Drumherum" mit dem Papa im Himmel zusammen *aus seiner Perspektive* zu betrachten. Das in sich war schon Heilung. Je mehr ich in dieser Identität, sein Kind, seine Tochter zu sein, wuchs, umso mehr merkte ich, wie er sich hinter das stellte, was ich betete, predigte, weitergab. Mit der Identität wuchs auch die Autorität das war manchmal sehr spannend ... und sehr ermutigend.

Und trotzdem muss ich das gute Land, das Gott mir gab und gibt, immer wieder gegen die „Riesen" verteidigen.

Wir hatten ja in Bethel gelernt: Wenn du die Riesen besiegt hast, wartet der Palast auf dich (in Anspielung auf David, der nach dem Sieg über Goliath als Schwiegersohn von König Saul in den Palast einzog).

17

Und danach ...

Und wie ist es, wieder zu Hause zu sein, wie geht's euch damit? Das wurden wir immer wieder gefragt. Ich kann nur sagen, es war schön, wieder daheim zu sein. Auch hier spürte ich den frischen Wind Gottes, vielleicht nicht ganz so offensichtlich wie „drüben". Aber Gott brachte uns mit so vielen hungrigen Leuten in der Heimat zusammen; das hat unser Herz berührt. Es war „eine weiche Landung". Wir konnten auch hier „das liebliche Land" sehen, das „schöne Erbteil" (vgl. Psalm 16,6). Und wir wurden neu dankbar für alles, was Gott in dem Land, in dem wir leben, tut und schon getan hat.

Kurz nachdem wir wieder in Deutschland gelandet waren, hatten wir in unserer Gemeinde eine Gruppe junger Amerikaner von einer christlichen Universität in Virginia Beach/USA zu Besuch. Während eines Lobpreisabends wollten sie gerne malen. Wir staunten nicht schlecht, als sie uns die prophetische Botschaft eines ihrer Bilder erklärten: Es stellte einen Baum dar, umgeben von Flammen und ein Herz mit Kette um den Stamm geschlungen. Darüber stand: grace (Gnade) und „Ich bin, der ich bin" (in Hebräisch). Sie erinnerten uns sehr eindrücklich an Zinzendorf und die Mährener Brüder und wie Gott in unserem Land durch Martin Luther und seiner „Wiederentdeckung" der rettenden Gnade Gottes Geschichte geschrieben hat. Der Baum sei Deutschland und das Herz sei Gottes Liebe für dieses Land. Er wolle sich diesem Land offenbaren wie Mose am brennenden Dornbusch (*„Ich bin, der ich bin"* bzw. *„Ich werde sein, der ich sein werde";* 2 Mose 3,14 ELB) und es mit seiner Liebe in Brand setzen, so wie bei den Herrnhutern. Sie ermutigten uns sehr stark, bewusst dieses geistliche Erbe anzunehmen. Es war wirklich *erstaunlich,* wie Gott unsere Eindrücke von den Moravian Falls unmittelbar nach unserer Rückkehr nach Deutschland bestätigte.

Prophetisches Bild, das die Studenten aus Virginia Beach
für uns bzgl. Deutschland gemalt haben

Was mich immer wieder in freudiges Erstaunen versetzte: dass
Gott mehr und mehr dabei ist, die alten und die neuen Quellen der
Erweckung und Offenbarung rund um den Erdball miteinander zu
verbinden, um neue Erfrischung für seine weltweite Familie freizusetzen und sie an sein Herz zu ziehen.

In diesem Zusammenhang hat es mich auch sehr berührt zu hören, dass eine Gruppe von Betern gewaltige Erlebnisse mit Gottes
Gegenwart auf diesem Aussichtsberg in der Nähe meines Heimat-
dorfes hatte. (Ich hatte ja dieses Erlebnis, als mich Gott während
einer Lobpreiszeit in Kalifornien sozusagen auf diesen Berg „versetzte", im Kapitel „Freude am Prophetischen" beschrieben.)

Auf Sardinien

Wenige Wochen nachdem wir zurückgekommen waren, fuhren wir nach Sardinien/Italien, zu Freunden, die dort ein Camp-Gelände und Ferienwohnungen haben. Wir hatten dort schon so manche Gemeindefreizeit verbracht. Dieses Ehepaar war vor einigen Jahren mit ihren Kindern aus der Schweiz ausgewandert, um dort einen Dienst für Sardinien („Soli Deo Gloria") aufzubauen. Sie gründeten später auch eine Gemeinde. Es war schön, zu sehen, wie diese Gemeinde gerade in den letzten Monaten gewachsen war. Auch dort war die frische Brise Gottes deutlich zu spüren. Gleich im ersten Gottesdienst hatte die Frau eines Gastpredigers aus der Schweiz ein prophetisches Wort für mich. Sie sehe Gottes Kreativität über mir und dass Gott möchte, dass ich ein Buch schreibe. Das war nun schon das dritte Mal, dass Gott mich an dieses Projekt erinnerte. Die anderen beiden Male waren während Gottesdiensten in Bethel gewesen. Deshalb hatte ich schon in Hawaii angefangen zu schreiben, kam aber über das erste Kapitel nicht hinaus.

Gleich am nächsten Tag setzte ich mich in eine Hütte auf dem Camp-Gelände und begann zu schreiben. Ich saß gerade zehn Minuten, als Gott mich auf seine Art ermutigte. Es war ziemlich windig. Plötzlich sprang die Hüttentür auf, die aber nachweislich im Schloss war. „Ich mache dir eine Tür auf" hatte mir Jesus versprochen. Ich empfand schon seit Längerem, dass dies auch der Titel meines Buches werden sollte. Dieses Erlebnis war wirklich überwältigend für mich und gab mir enormen Rückenwind beim Schreiben. Den ersten Teil des Buches konnte ich also auf Sardinien fertigstellen.

Und die Wunder, die wir in Bethel erlebt haben, können wir die auch hier erleben?

Als wir von Sardinien nach Hause fuhren, blieb unser alter Campingbus am San Bernardino Pass in der italienischen Schweiz stehen. Er fing einfach an zu rauchen und Öl zu verlieren, und das schon auf 1000 Höhenmeter (der Pass bzw. der Tunneleingang liegt auf über 1600 m). Wir schafften es gerade noch zur nächsten Parkbucht und stiegen aus, um gleich an Ort und Stelle Hilfe anzufordern. Mein

Mann fasste schon nach dem Hörer der Notrufsäule, als ich, sagen wir mal, einen Impuls von Gott empfing. Wenn wir jetzt den Schweizer Abschleppdienst anrufen würden, würde er uns sicher nach Bellinzona bringen, also wieder zurück ins Tal. Dort müssten wir dann vermutlich auf eventuelle Ersatzteile warten. Die waren auch in Deutschland wegen des fortgeschrittenen Alters unseres VW-Busses oft nicht so schnell zu bekommen. In jedem Fall würden wir nicht mehr rechtzeitig zur Zeltstadt (ein großes Camp mit 2500 Leuten, das jeden Sommer auf der Schwäbischen Alb südlich von Stuttgart stattfindet) zu Hause sein. Wir waren dorthin eingeladen, um über Bethel zu berichten bzw. zu lehren.

Was also tun? Nach einigem Hin und Her entschieden wir uns, in den Bus zu steigen und im Vertrauen auf Gott loszufahren. Und tatsächlich, das Wunder geschah. Nach zwei Minuten, in denen wir beteten und ich wieder so sehr lachen musste wie bei Jim damals im Stau in Los Angeles, hörte der Bus auf zu rauchen und verlor auch kein Öl mehr. Nur schon der Gedanke an diese Situation und wie Gott damals geholfen hatte, brachte mich in diesem Moment zum Lachen (siehe „Abenteuer Mexiko" bzw. im Anhang „Die Freude im Herrn"). Vorsichtshalber fuhren wir immer wieder an Parkbuchten raus, um nachzusehen. Sehr langsam erklommen wir die restlichen 600 Höhenmeter bis zur Passhöhe am Eingang des San Bernardino Tunnels. Aber auf der anderen Seite ging es dann flott den Berg hinunter Richtung Heimat, wo wir noch rechtzeitig vor Beginn in der Zeltstadt eintrafen.

Mit Healing Rooms in der Schweiz

Es war auch „wunder-voll", was wir wenige Wochen später in der Schweiz bei einer Konferenz mit Chris Gore, dem neuen Leiter der Healing Rooms der Bethel-Gemeinde, erlebten. Zusammen mit Schweizer Freunden – Bethel-Studenten wie wir – waren wir im *Ministry Team* (Gebetsteam). Viele Menschen wurden durch das souveräne Handeln Gottes geheilt. Eine Frau, die wegen eines Unfalls seit zwanzig Jahren gelähmt im Rollstuhl saß, konnte plötzlich ein Kribbeln in den Beinen spüren. Wir hatten in Bethel gelernt, auch den Tag der kleinen Anfänge zu ehren. In dieser Weise beginnt oft eine vollständige Heilung.

Darüber hinaus war es einfach schön, wieder mit Leuten von Bethel zusammen zu sein und die Aufbrüche in der Schweiz mitzuerleben. Das Lebenszeugnis von Chris Gore hat mich sehr beeindruckt. Obwohl seine älteste Tochter an den Rollstuhl gefesselt ist, lässt er sich nicht davon abbringen, in Sachen Heilung so stark mit Gott voranzugehen, und erlebt auf seinen weltweiten Einsätzen unzählige Wunder. Seine Botschaft war: Jesus hat am Kreuz alles schon vollbracht. Wir leben *nach* dem Kreuz, im Neuen Bund der Gnade. Aus dieser Fülle der Gnade dürfen wir schöpfen, auch und gerade im Bereich von Heilung und Wiederherstellung (vgl. 1 Petr 2,24).

Dabei spielt das Zeugnis über eine erfolgte Heilung eine besonders wichtige Rolle und wird in den Healing Rooms und in Bethel insgesamt sehr hochgehalten. Bill Johnson begründet das so: „Die hebräische Wurzel für das Wort ‚Zeugnis' bedeutet ‚wieder tun'. Jede Aufzeichnung über das, was Gott in den zurückliegenden Generationen getan hat, ist ein Versprechen, dass es sich in unserem Leben wiederholen wird, da er derselbe gestern, heute und in Ewigkeit ist ... Die prophetische Salbung verkündet nicht nur das, was Gott tun will, sondern sie liefert auch die schöpferische Kraft, das Verkündete umzusetzen. Das Zeugnis setzt diese Salbung frei. Sowie wir bekannt machen, was Gott getan hat, wird Kraft freigesetzt, damit sich das Zeugnis im Leben derer, die es hören, wiederholt."[1] Und so berichtete Chris Gore auch immer wieder, was er an Heilungen weltweit und in den Healing Rooms in Bethel erlebt: z. B. verschwinden Metallteile, die zur Schienung von Knochen dienten, aus dem Körper. Gott heilt die Knochen, und so sind die Metallteile nicht mehr nötig. Er entfernt sie übernatürlich, wie man durch Abtasten herausfinden oder später im Röntgenbild sehen kann.

„Back again" – wieder zurück

Wir sind zu unserer eigenen Überraschung im Herbst (2011) noch einmal nach Redding geflogen. Es ging sehr schnell – mittwochs

---

[1] Bill Johnson, *Das persönliche Krafttraining im Herrn,* Grain Press 2008, S. 99.

gebucht, freitags geflogen –, sodass wir keine Zeit mehr hatten, Freunden „drüben" Bescheid zu sagen. Die Wiedersehensfreude war umso größer. Ja, wir haben sie alle wiedergesehen, zumindest diejenigen, die das zweite Schuljahr besuchen: allen voran natürlich unsere Hawaiianer und all die anderen amerikanischen Freunde, aber auch die Norweger, die Schweizer und natürlich die Deutschen. Beim deutschen Treffen staunten wir, wie viele mehr das jetzt waren im Vergleich zum vorigen Jahr. Es war ein sehr erfrischender Abend mit viel Ermutigung und „Momentum" (Dynamik), wie die Amerikaner sagen.

Die norwegische Familie ist inzwischen zurückgekehrt in ihr Haus, das sie schon ein Jahr vorher im Vertrauen gekauft hatte, und besucht das erste Schuljahr. Sie konnten es beinahe nicht fassen, uns wiederzusehen, und wir lagen uns lange in den Armen. Und in unserem kleinen Cottage wohnt jetzt ein junges französisches Paar von der BSSM. Wir kannten den Mann vom ersten Schuljahr her. Er hat während der Sommerpause in Frankreich geheiratet und nach einem geeigneten Zuhause für sein erstes Ehejahr gesucht. Auch ihm hat das Häuschen auf Anhieb gefallen.

Vor allem aber war es großartig, wieder in Bethel zu sein. Im ersten Gottesdienst berichtete Joaquin Evans, der vorherige Leiter der Healing Rooms in Bethel, er habe mit einer Gruppe von Leuten aus der Gemeinde und Studenten in Nebraska/USA ein Krankenhaus besucht. Vorher hatten sie einige Zeit in der Gegenwart Gottes und im Gebet verbracht. Als sie dann das Krankenhaus betraten, spürten sie, wie Gottes Gegenwart und Leichtigkeit mit ihnen kam. Sie beteten für ein paar wenige Kranke, aber die meisten Heilungen geschahen einfach so – ohne persönliches Gebet – durch Gottes Gegenwart an diesem Ort. Unzählige Kranke wurden geheilt und konnten entlassen werden. Der zweite Stock des mehrstöckigen Krankenhauses leerte sich sogar vollständig, sodass die Krankenhausleitung vor einem ganz neuen Problem stand. Sie musste schnellstmöglich ihrem Personal für die nächsten Schichten absagen, weil einfach keine Patienten mehr zur Betreuung da waren. (Sind das die größeren Werke, von denen Jesus in Johannes 14,12 sprach, die seine Jünger in späteren Zeiten vollbringen würden?!)

Sie erleben in Bethel inzwischen die „Wolke der Herrlichkeit" – buchstäblich. Bei einigen Gottesdiensten war sie mit dem natürlichen Auge zu sehen. Sie bestand aus Goldstaub, den die Menschen nachher auf ihrer Haut und ihrer Kleidung wiederfanden, zum Teil in großer Menge, wie ich mich selbst überzeugen konnte. Ich glaube nicht, dass Gott möchte, dass wir diesen äußeren sichtbaren Erscheinungen übertriebene Aufmerksamkeit widmen, und doch dürfen wir wie Kinder über seine Wunder staunen. Gold in Kalifornien – dieses Mal direkt vom Himmel! Gott schlägt immer wieder neue Seiten in der Geschichte auf und überrascht uns (vgl. Apg 2,43: *„Es geschahen auch viele Wunder und Zeichen"* – wir wissen nicht welche, aber diese Art von Wunder bzw. Zeichen könnte durchaus dabei gewesen sein).

Diese zweite Reise hat trotz der Kürze zu einer enormen Vertiefung dessen geführt, was wir in unserem ersten Jahr dort gelernt hatten.

Und Gott hat uns nochmals deutlich daran erinnert, das hier Gelernte und Erlebte zu Hause umzusetzen, z. B. im Bereich von Heilung, innerer und äußerer. Gott geht weiter: Er will nicht nur uns persönlich heilen und wiederherstellen, sondern auch die Region und das Land, in dem wir leben.[2]

Gerade jetzt, beim Schreiben dieser Zeilen, sitze ich in der Wohnung unserer hawaiianischen Freunde hier in Redding/Kalifornien. Sie sind nun wie gesagt im zweiten Schuljahr an der BSSM, und im Moment gerade auf einem Missionseinsatz in Spanien. Ich darf ihre Wohnung für diese Woche haben. Mein Mann musste leider schon vor einigen Tagen wieder heimfliegen.

Und nachher gehe ich zu den Healing Rooms, da freue ich mich schon.

Ach, was ich noch vergessen habe: Wie wir so schnell wieder hierherkommen konnten? Jesus hat mich gefragt, ob er eine Tür für uns aufmachen soll ...

---

[2] In diesem Zusammenhang hat es uns gefreut, zu hören, dass es jetzt auch in Deutschland eine nach dem Vorbild der BSSM gestaltete Schule gibt. Sie heißt „Lebensart" und wird von der Gemeinde „Vineyard Speyer" angeboten.

NACHWORT

Die Kraft der Freude[1]

Ich sitze jetzt im Flugzeug von San Francisco nach Paris, auf dem Heimflug von der zweiten (kurzen) Reise zur Bethel-Gemeinde in Redding (siehe Kapitel 17). Von Paris geht's dann ohne großen Aufenthalt weiter nach Stuttgart. Ich habe gerade Sekt mit Orange bestellt. Das mache ich normalerweise nie im Flugzeug. Aber heute habe ich allen Grund dazu, finde ich. Es gibt eindeutig etwas zu feiern: die Tatsache, dass ich in diesem Flugzeug sitze ... und dass mich der Herr eine gewaltige Lektion in Sachen „die Freude am Herrn ist meine Stärke" (Nehemia 8,10) gelehrt hat.

Und das kam so. Ich fuhr heute Morgen von Redding los nach San Francisco, um dort am Nachmittag mein Flugzeug nach Hause zu erreichen. Alles lief wunderbar, bis ich in die Bay Area (Buchtregion) kurz vor San Francisco kam, wo die Autobahnen „mehrstöckig" werden. Ich erwischte trotz Navi leider nicht das richtige Stockwerk, war aber nach 20 Minuten Autobahnschleifen-Fahren wieder auf Kurs.

Leicht nervös und mit einer gewissen Angst, dass das noch mal passieren könnte, fuhr ich in Richtung auf die große Bay Bridge zwischen Oakland und San Francisco zu. So zeigte es mir mein Navi an. Von der Brücke war aber noch lange nichts zu sehen; ich stand in einem nicht enden wollenden Stau vor den „Zahlhäuschen". Die Brücke war nicht gebührenfrei. Das kostete mich nicht nur fünf Dollar, sondern weitere 30 Minuten. Es war trotz November hochsommerlich warm und mit der Hitze stieg auch meine Nervosität, vor allem als ich sah, dass nach den Zahlhäuschen der Stau eher schlimmer wurde. Ich drehte mich ziemlich bestürzt zu der Kassiererin um und fragte, ob sie zufällig wisse, wie weit der Stau gehe. Sie meinte, das könne sie nicht sagen. Normalerweise sei hier um diese Zeit kein Stau,

---

[1] Siehe „Anmerkungen zur ‚Freude im Herrn'" im Anhang.

aber heute sei ein Spiel in San Francisco ... Ich merkte, wie ich innerlich zusammensackte. Stau auf sechs bis acht Spuren so weit das Auge reichte und keine Aussicht auf „Besserung".

Ich kramte mein Handy heraus und rief meinen Mann zu Hause an, dass ich den Flug unmöglich kriegen könne. Es seien jetzt noch knapp 30 Kilometer bis zum Flughafen, aber ich kam ja nicht vom Fleck. Er war – natürlich – sehr besorgt, versuchte aber das Beste daraus zu machen und mich zu beruhigen. Er war schon vor einer Woche zurückgeflogen, weil er wieder arbeiten musste. Ich hatte noch eine Woche „Verlängerung" bekommen, musste aber jetzt auch wegen der Arbeit und weil meine Mutter schwer erkrankt war dringend zurück.

Wahrscheinlich stand uns beiden in diesem Moment unausgesprochen das lange Hin und Her von unserem Weihnachtsflug vor knapp einem Jahr vor Augen. Nach zwei Stunden vergeblichen Suchens am Computer hatte uns die Dame am Schalter damals mitgeteilt, dass wir erst in drei Tagen fliegen könnten (Die Fluglinie bezahlte allerdings damals das Hotel samt Verpflegung.) Der Flug wurde dann wegen erneuten Schneefalls auch wieder abgesagt und erst nach vier Tagen nahm uns endlich ein Flugzeug mit nach Hause. Wir landeten an Heilig Abend, eine Stunde später begann es bereits wieder heftig zu schneien.

Doch zurück in die Sonne San Franciscos. Mein Mann versprach, für mich zu beten, mein ältester Sohn war wohl gerade auch bei ihm. Ich legte auf und fuhr im Schneckentempo auf die Brücke zu. O ja, wenn ich lachen könnte, so wie damals bei Jim in Los Angeles, als wir auch im Stau festsaßen – der sich dann auflöste (siehe Kapitel „Abenteuer Mexiko") oder am San Bernardino Pass in der Schweiz, als ich betend und lachend diese ersten zwei Minuten nach unserem Notstopp in unserem VW-Bus saß und das Auto dann kein Öl mehr verlor (siehe Kapitel 17).

Aber davon war ich jetzt Lichtjahre entfernt. Das hier war überhaupt kein Spaß. Vor allem war ich dieses Mal alleine unterwegs, und da gehen einem schon mal die Ideen aus ... dachte ich. Nun so ganz allein war ich doch nicht; *Jesus und die Gebete meines Mannes begleiteten mich.* Es tat so gut, zu wissen, dass er für mich betete. Und ich wusste, dass er es gründlich tun würde, besonders in diesem Fall, wo seine Frau 10 000 km von zu Hause in einer fremden Großstadt unterwegs war und in Schwierigkeiten steckte.

Als ich an diesem Punkt angekommen war bei meinen zuvor trüben Gedanken, da passierte es. Es fühlte sich in der Tat wie ein startendes Flugzeug an. Unter Umgehung meiner völlig zerknitterten Seele brach sich die Freude in meinem Geist Bahn durch meinen Mund. Ich musste so sehr lachen, dass ich mich am Lenkrad festhielt. Und es wurde immer stärker, ich krümmte mich buchstäblich vor Lachen, Tränen liefen mir über die Wangen. Ich weiß wirklich nicht mehr, wie ich sozusagen noch „nebenher" Auto fahren konnte. Schon nach den ersten Lachsalven löste sich der Stau auf. Es war immer noch dichter Verkehr, aber bei normalem Autobahntempo. Das verstärkte meine Freude, mein Lachen nur noch. Und das ging bis zum Flughafen so. Zwischendurch sah ich ein Werbeplakat direkt neben der Autobahn mit der Aufschrift: *Making Miracles Happen!* (Wunder geschehen lassen) Das gab meiner Freude noch mehr Auftrieb. Es war, als redete Gott direkt zu mir.

Am Flughafen angekommen, gab ich meinen Leihwagen ab und schaute auf die Uhr. Noch 40 Minuten bis zum Abflug! Fast wäre die Freude wieder weg gewesen. Das konnte doch nicht mehr reichen, die werden jetzt schon an Bord gehen! Aber Gott hatte mir doch gerade eben erst ein Wunder versprochen! Ich hastete zum Air Train, der mich zum internationalen Terminal bringen sollte. Ich wusste, dass der „Zug in der Luft" von den Leihwagen bis zum internationalen Terminal allein schon fast 10 Minuten benötigen würde, und ich hatte ja noch den Koffer aufzugeben usw.

Beim Einsteigen in den Zug sprach ich einen Flughafenangestellten an; später stellte sich heraus, dass er Pilot war – auf dem Weg zu seinem Arbeitsplatz. Ich wollte mich nochmals versichern, wo ich aussteigen musste. Er merkte, dass ich unter Druck war und wollte mir weiterhelfen. Er schaute in seinem Smartphone nach, wo ich hin müsse und ob sich an der Abflugzeit etwas geändert habe. Abflug 15 Minuten später zeigte es an (leider stellte sich das später als falsch heraus). Hoffnung stieg in mir auf. Er wollte mich zum Abfertigungsschalter bringen, damit ich keine Zeit mit Suchen zubringen müsse. Meine Dankbarkeit stieg.

Aber die entsprechenden Schalter waren schon alle geschlossen, weil bereits *boarding time* (Zeit, an Bord zu gehen) war, und Koffer konnten gar nicht mehr angenommen werden. Die Damen an den anderen Schaltern verwiesen meinen treuen Helfer an ein Telefon in der Flughalle, wo man in solch einem Fall (verpasster Flug) Auskunft und Hilfe bekommen könne. Er rief an, aber es meldete sich nur ein automatischer Anrufbeantworter. Man müsse seine Handy-Nummer angeben, meinte er, dann werde man zurückgerufen. Das klappte aber nicht. Beiläufig meinte er, dass er bald los müsse.

Der Gedanke, dass Gott mir ein Wunder versprochen hatte, half mir deutlich weiter. So rief ich selbst nochmals an, und plötzlich war eine Dame am Apparat. Ich reichte den Hörer schnell an meinen „Fachmann" weiter, der selbst ganz erstaunt war. Er notierte sich die Telefonnummer, die ihm die Dame gab. Damit gingen wir – ihren Anweisungen gemäß – zu einem der geschlossenen Eincheck-Schalter, an dessen Rückseite ein Telefon angebracht war. Mit dieser Nummer konnte man offensichtlich seinen Flug umbuchen. Erstaunlich! Gott, was hast du für Wege, du machst das so souverän, du hast ja wirklich alles im Griff, ich stehe staunend vor dir! (Ich weiß ganz sicher, dass ich Gott, den Vater, in diesem Moment lächeln sah!) Allein hätte ich das nie und nimmer hingekriegt!

Mein Helfer wählte die Nummer und sagte der Dame am anderen Ende, um was es ging. Er sei Pilot und müsse jetzt zum Dienst, erklärte er ihr, aber das Englisch der jungen Dame hier (ups!, das war ich) sei *pretty good* (ziemlich gut), sie könne das jetzt selbst mit ihr verhandeln. Und weg war er. Ich rief ihm noch ein „God bless you" hinterher.

Und dann ging alles sehr schnell. Die Dame am anderen Ende fand sofort einen Ersatzflug für mich – nur eine Stunde später als mein ursprünglicher Flug (!) und buchte ihn auch gleich um. Wie traumwandlerisch gab ich meinen Koffer auf, ging durch den Personencheck, eilte zum Gate, wo gerade *boarding time* war, und 30 Minuten später war ich in der Luft!

Die Wellen meiner Freude begleiten mich immer noch, es ist jetzt mehr ein ehrfürchtiges Staunen und ein tiefer innerer Friede. Das Wunder hat etwas mit meinem Herzen gemacht. Der Vater im Himmel ist so unglaublich groß und beeindruckend für mich geworden, noch mehr als bisher. Er kann alles, er hat alles im Griff, er macht das schon. Das habe ich doch schon mal irgendwo in diesem Buch geschrieben. Aber jetzt ist es wieder *ein Stück realer* geworden. Die Bibel nennt das Gnade.

Draußen ist es längst dunkel geworden, wir fliegen durch die Nacht. Aber der Pilot weiß trotzdem, wo es hingeht. Und so ist es auch mit Gott. Wie schön wäre es, wenn in dem Land, in das ich jetzt heimfliege, dieses Lachen, diese Gelassenheit, sich zu freuen wie ein Kind über Gottes Größe und seine Hilfe (wieder mehr) Einzug halten würden. Ja, es ist mitunter Kampf, aber es ist so schön zu siegen. Unser Vater im Himmel hat durch Jesus alles schon vorbereitet![2] Dein Reich komme ...!

> *... so werden wir sein wie die Träumenden.*
> *Dann wird unser Mund voll Lachens*
> *und unsere Zunge voll Rühmens sein.*
> *Dann wird man sagen unter den Heiden:*
> *Der Herr hat Großes an ihnen getan!*
> *Der Herr hat Großes an uns getan;*
> *des sind wir fröhlich.*
> (Psalm 126,1-3)

*****

Seit diesem Rückflug sind inzwischen einige Monate vergangen. Das „Jahr nach Bethel" war kein leichtes Jahr, es ähnelte in mancher Hinsicht sogar dem schwierigen Jahr bevor wir nach Bethel gingen. Durch die Krankheit und Pflegebedürftigkeit meiner Mutter wurde ich sehr oft mit dem Thema Vergänglichkeit und Hoffnungslosigkeit konfrontiert. Was mir aber in diesen Monaten am meisten half, war mein verändertes Denken, so wie es in Bethel begann und sich hier zu Hause fortsetzte und vertiefte. Die Lügen des Feindes zu durchschauen und Gottes Wahrheit willkommen zu heißen (dass er z. B. voller Güte ist, dass er uns kontinuierlich ermutigen möchte, dass er

---

[2] Vgl. „Prophetisches Wort für Deutschland" im Anhang.

vor uns hergeht und für uns streitet usw.), brachte regelmäßig und
nachhaltig Freiheit, Friede und Freude in mein Leben. Bei vielen
Menschen, mit denen ich enger in Kontakt bin, merke ich, wie sie
sich zunehmend auf den gleichen Weg machen. Was mich am meisten beeindruckt – bei mir und anderen: Wie sehr der *Hunger nach
mehr von Gott* seine Gegenwart und seine Segnungen freisetzt und
total real werden lässt. Wie hungrige und durstige Menschen den
Himmel auf die Erde holen können, unabhängig von der Kultur und
dem Land, in dem sie leben, ist für mich mittlerweile zu etwas vom
Faszinierendsten überhaupt geworden.

„Vom Himmel her zu leben", wie ich das einmal im Buch so genannt habe, habe ich hier zu Hause noch viel mehr gelernt als in
Bethel. Gott hat mir einmal in dieser Zeit das Tal aus Psalm 84 in
einem Bild gezeigt. Zuerst sah ich es sozusagen im natürlichen Zustand als dürres Tal, und dann war alles in sehr helles, übernatürli-
ches Licht getaucht und brachte aus diesem „Quellgrund" gewalti-
ges Leben hervor (*„Wenn sie durchs dürre Tal ziehen, wird es ihnen
zum Quellgrund und Frühregen hüllt es in Segen"*; Psalm 84,7). So
kam ich mir auch selbst vor: die „Dürre" in meinem bzw. unserem
Leben lässt uns nur noch mehr nach Gottes Quellen und seiner
Gegenwart in unserem Leben suchen oder „graben" und bringt sie
erst recht zum Sprudeln. Wir erleben das gerade immer mehr auch
mit anderen zusammen bei Gebeten um Heilung. (Wir haben inzwischen eine Art *Healing Room* gestartet.) Je mehr die Quellen sprudeln, umso mutiger wird man, und die *innere Gewissheit* wächst,
dass für unseren Papa im Himmel nichts zu schwer ist.

Den Himmel auf die Erde zu bringen hat darüber hinaus viel mit
dieser Kultur der Ehre, der Ermutigung und Wertschätzung zu tun.
Dieser Lebensstil hat in sich schon seine Belohnung: Den anderen
zu segnen, ihn als Geschenk Gottes zu betrachten, seine Stärken zu
genießen und ihm bei seinen Schwächen zu helfen, das macht mir
immer mehr Freude und macht den zwischenmenschlichen Umgang so viel leichter und schöner. Was ich festgestellt habe: Dieser
Lebensstil ist ansteckend, und auch die Menschen in Deutschland
sind dafür sehr empfänglich.

Meine Erfahrung kurz zusammengefasst: Was ich in Bethel über
Gott und sein Königreich gelernt habe, ist in hohem Maße „alltags-

tauglich" und „funktioniert" unabhängig von kulturellen Unterschieden genauso in Deutschland (☺).

ANHANG

Prophetisches Wort für Deutschland[1]

„Was ich für Deutschland sah, war ein Wappen auf einem Schild mit gelbem Hintergrund und zwei schwarzen Adlern, die sich gegenüberstanden. Ich empfand, dass Gott ein Erbe für Deutschland freisetzen wird! Ich empfand, dass Deutschland eine neue Freisetzung von Freude für sein Land erleben wird und dass die Deutschen dann für ihre Freude bekannt sein werden. Alles, was der Feind in diesem Bereich gestohlen hat, wird in einem größeren Maß zurückgegeben, als es jemals da war.

Ich spürte, dass der Geist Gottes auch über die Bereiche Erfindung und Kreativität sprach, dass Deutschland eine führende Rolle in diesen Bereichen einnehmen würde, insbesondere, was natürliche Ressourcen und fossile Brennstoffe angeht. Aber auch in vielen anderen Bereichen wird es eine Flut von Erfindungen geben, die der Gesellschaft helfen werden.

Was die christliche Theologie angeht, hatte ich den Eindruck, dass im deutschen Volk noch einmal große Theologen aufstehen werden, die den Weg dafür bereiten, dass die Kirche/Gemeinde die Führungsrolle in der Gesellschaft übernimmt (vgl. Micha 4,1).

Die Wiederherstellung der Familie war die nächste Welle des Geistes, die ich spürte, insbesondere, was die Rolle der Väter angeht. Ich sah, wie Väter die Familie zu ihrer ersten Priorität machten und wie sie ihre Kinder mit Zuneigung förmlich überhäuften.

Die letzte Sache, die ich sah, war, dass Deutschland und Großbritannien einen Bund im Geist schlossen und dass ihre Partnerschaft im Geist in ihren Nationen und in der Welt neue Dimensionen von Erweckung hervorbringt und die Welt lehrt, wie es aussieht, wenn Nationen sich versöhnen."

---

[1] Von Ben Armstrong (Pastor an der BSSM) im Dezember 2010.

SOZO Ministry (Dienst) und das Reich Gottes

Das griechische Wort SOZÄ oder SOTHÄ (Sigma-Omega-Theta-Eta) wird in unterschiedlichen Bedeutungen gebraucht und bezeichnet die verschiedenen Aspekte des Dienstes Jesu: Rettung (z.B. Joh 3,17), Heilung (z. B. Mk 5,23) und Befreiung (vgl. Luk 8,36). Und genau so ist der SOZO-Dienst ausgelegt: Es geht nicht nur um Errettung, sondern um (innere) Heilung und Befreiung der hilfesuchenden Christen. Es ist der umfassende Dienst im Königreich Gottes, wie ihn Jesus tat (vgl. Mt 4,23.24) und wie er auch seine Jünger anwies (vgl. Mt 10,7.8). Dieser Dienst Jesu wurde schon in Jesaja 61,1-3 prophetisch angekündigt und später von Jesus selbst in Lukas 4,18 bestätigt.

Errettung umfasst mehr als nur Vergebung von Sünde, sodass man, wenn man stirbt, in den Himmel kommt, aber viele haben sie darauf beschränkt (limitiert). Denn viele Christen haben Vergebung der Sünde empfangen, sodass sie, wenn sie sterben, in den Himmel kommen. Sie haben (aber) nicht den ganzen Dienst von Jesus empfangen und sind immer noch Gefangene. Viele sind noch unter Druck/Zwang und sind noch nicht frei, weil sie noch nicht alles empfangen haben, was Jesus durch sein Kommen gebracht hat.[2]

Dieses „alles empfangen", was Jesus uns gebracht hat, befähigt uns erst in vollem Umfang selbst den „Königreich Gottes Dienst" auszuüben, zu dem die Jünger in Matthäus 10 bevollmächtigt wurden.

Neben der im Kapitel „SOZO – Heilungsraum für den inneren Menschen" beschriebenen Vater-Leiter (Father Ladder) umfassen die SOZO Tools noch drei weitere Werkzeuge:

„Vier Türen: Dieses Konzept hilft uns und macht uns bewusst, dass der Feind ein legales Recht hat, Zutritt zu uns zu haben, wenn wir ihm Türen geöffnet haben durch Okkultes, sexuelle Sünde, Angst und Hass.

---

[2] Übersetzt aus: Ron und Christine Hamstad, SOZO – Ministry of Freedom and Liberty. A Manual, S. 3.

Jesus „präsentieren": Hier gehen wir zurück in spezifische Situationen und Bilder, um die Lüge zu identifizieren, und empfangen dann stattdessen die Wahrheit.

Die Mauer: Dies beschreibt die Struktur(en), die wir errichtet haben, um uns selbst vor anderen und vor Schmerz zu schützen."[3] [4]

Deutschland, Kalifornien/USA und Toronto/Kanada – Gottes besonderes Wirken in diesen drei Ländern

Zwischen den drei Ländern Kanada, Kalifornien/USA und Deutschland gibt es meines Erachtens eine besondere Verbindung (Gott hat mich jedenfalls immer wieder daran erinnert): Gott hat im Lauf der letzten Jahrhunderte die Personen seiner Dreieinigkeit in diesen Ländern in besonders nachdrücklicher Weise offenbart und damit verschüttetes Wissen bzw. Offenbarung seines Wortes, so wie es die Urgemeinde in Jerusalem besaß, wieder ans Licht gebracht. In Deutschland wurde durch die Reformation Jesus und seine rettende Gnade als Quelle wieder freigelegt und damit die Offenbarung der zweiten Person der Dreieinigkeit, nämlich Jesus, der Sohn Gottes, wiederhergestellt. Alle folgenden Aufbrüche und Erweckungen konnten darauf aufbauen. So z. B. wurde John Wesley und die Erweckung, die er England im 18. Jahrhundert brachte, entscheidend von Deutschland durch die Herrnhuter Brüder beeinflusst. Sie lehrten ihn, wie man fröhlich aus Gnade leben konnte.[5]

Die Erweckung, die in der Azusa Street in Los Angeles/Kalifornien 1906 ausbrach, stieß ebenso in neue Dimensionen der Offenbarung Gottes vor: die dritte Person der Dreieinigkeit, der Heilige Geist, wurde willkommen geheißen und ähnliche Phänomene wie am biblischen Pfingsten wurden sichtbar. Die Kraft Gottes war am Wirken, um seine Kinder in tiefere Dimensionen seiner Liebe und Autorität zu führen und dadurch auch die Welt um sie herum an sein

---

[3] Übersetzt aus: Dawna Desilva / Teresa Liebscher: *SOZO Saved Healed Delievered. A Manual,* S. 6).

[4] In Deutschland bietet die Vineyard-Gemeinde in Speyer SOZO-Kurse an.

[5] John Pollock, *John Wesley,* S. 93–103.

Herz zu ziehen. Zum Beispiel wurde die Geistestaufe und die Gaben des Geistes, allen voran das Sprachengebet, wieder neu „entdeckt".

Und 1994 offenbarte Gott in Toronto/Kanada sein Vaterherz, wie er seine Kinder lieben, heilen und in eine wiederhergestellte Beziehung mit ihm, dem Vater, führen möchte. Er brachte damit eine weitere Quelle der Offenbarung seines Wortes zum Sprudeln: die erste Person der Dreieinigkeit, Gott, den Vater.

Anmerkungen zur „Freude im Herrn"

Die *Freude* am Herrn ist unsere Stärke (Neh 8,10), wir sollen uns ständig *freuen* im Herrn (Phil 4,4), das Reich Gottes ist Friede und *Freude* (Röm 14,17), Gott tränkt uns mit *Wonne* wie mit einem Strom (Psalm 36,9) und Jesus selbst war mitten in seinem tiefsten Leiden von *Freude* motiviert *(„... der um der vor ihm liegenden Freude willen die Schande nicht achtete und das Kreuz erduldete ..."* – Hebr 12,2 ELB). Bill Johnson schreibt in dem sehr lesenswerten Kapitel „Freude: Der Lohn" zu dieser Bibelstelle: „Der Vater stellte ihm einen Lohn in Aussicht, der so bedeutend war, dass er dem Menschensohn durch das größte Leiden, das jemals einem menschlichen Wesen widerfuhr, hindurchhalf. Und er, der den höchsten Preis bezahlen musste, würde den größten Lohn empfangen: Freude. Freude ist der Lohn."[6] Wir empfangen übrigens den gleichen Lohn: *„Recht so, du guter und treuer Knecht ... geh hinein in die Freude deines Herrn!"* (Mt 25,21 ELB).

Die Bibel fließt über, wenn es um das Thema *Freude* (210-mal in der Bibel, Lutherübersetzung) oder *Wonne* (29-mal in der Bibel, Lutherübersetzung) geht. Als Jesus geboren wurde, brach der Himmel geradezu über diese Erde herein, für die Hirten sogar buchstäblich. Und womit beginnt die Botschaft des Engels auf dem Hirtenfeld? *„Fürchtet euch nicht! Siehe, ich verkündige euch große Freude ..."* (Lk 2,10). Vielleicht ist Weihnachten deshalb immer noch so attraktiv, ich meine auch für „Un"gläubige, weil wir feiern, dass das Übernatürliche, Himmlische in unsere Welt hereinbricht, der Gott des

---

[6] Bill Johnson, *Gottes Angesicht sehen,* Grain Press 2008, S. 185.

Himmels uns besucht, und das ist einfach mit Freude verbunden, das ist die Freude an sich und schlechthin.

Die Freude bzw. das Lachen hat aber noch einen weiteren Aspekt: den des Sieges, des Überwindens. *„Die Könige auf Erden lehnen sich auf und die Herren halten Rat miteinander wider den Herrn ... aber der im Himmel wohnt, lacht ihrer ...* " (Psalm 2,2.4). In der Freude, im Lachen wird Gott groß, und seine Feinde klein. Das ist auch meine Erfahrung. Trotz einer schwierigen oder bedrückenden Situation können wir aufgrund früherer, wunderbarer Erfahrungen mit Gott oder weil jemand für uns betet oder in einer Lobpreiszeit usw. wieder ein paar klare, oder besser gesagt wahre Gedanken fassen. Der Nebel der Lüge – dass Gott nicht helfen kann – verschwindet. Gottes Geist, der Tröster und Beistand, kann uns in diesem Moment oft sogar ein inneres Bild des Sieges schenken und unseren Glauben stärken. Das heißt, ich sehe die schwierige Situation sich auflösen. Wir lachen dann sozusagen im Voraus oder prophetisch, weil wir uns z. B. über den positiven Ausgang der Sache freuen. (Um jedes Missverständnis auszuschließen: Es dreht sich hier um echtes Lachen und nicht um etwas künstlich Hervorgebrachtes.) Wenn sich dann die Umstände tatsächlich zum Positiven verändern, wir z. B. eine Heilung erleben, dann haben wir natürlich erst recht Grund zur Freude. Und das ist ganz im Sinne unseres Herrn, dessen Gegenwart *„Freude die Fülle und Wonne"* (vgl. Psalm 16,11) ist. Wir erleben ja bei einer Heilung etwas, wofür Jesus teuer bezahlt hat: *„Durch seine Wunden seid ihr heil geworden"* (1 Petr 2,24). Oder wir nehmen in einer schwierigen oder ausweglosen Situation z. B. die Verheißungen in Anspruch, dass Jesus seinen Engeln befohlen hat, uns (übernatürlich) zu helfen (vgl. Psalm 91,11 und 34,8 sowie Hebr 1,14).

Das Lachen klärt jedenfalls die Atmosphäre – innerlich und äußerlich – und ich kann den offenen Himmel wieder wahrnehmen ... so weit meine Erfahrungen. Die Auswirkungen sind oft noch lange danach zu spüren. In seiner Wirkung ist es ganz offensichtlich eine geistliche Waffe, und zwar eine durchschlagende, die den Feind und seine Lügen in die Flucht schlägt.

Noch eine kurze Anmerkung aus medizinischer Sicht: Lachen stärkt auch unsere körperliche und seelische Gesundheit, vor allem das Immunsystem.

Es gäbe noch eine ganze Menge zur Freude, zum Lachen zu sagen. Zur vertiefenden Lektüre empfiehlt sich sehr das Buch von Kevin Dedmon: „Den Himmel aufschließen. Schlüssel zu einem natürlich übernatürlichen Lebensstil", besonders das Kapitel „Die übernatürliche Kraft überfließender Freude".[7] Für ihn ist Freude eine zentrale Größe, wenn es darum geht, den Himmel aufzuschließen und besonders Heilungen freizusetzen. Sein Buch ist voll von gewaltigen Heilungsberichten, die er selbst erlebt hat, oftmals zusammen mit Studenten der BSSM. „Freude ist keine angeborene menschliche Eigenschaft. Sie ist etwas, das durch den Heiligen Geist kultiviert werden muss. Sogar Jesus kultivierte Freude, wenn er durch den Heiligen Geist mit dem Himmel in Berührung trat. Lukas berichtet, dass Jesus sich im Heiligen Geist freute (vgl. Luk 10,21) ... Wenn ich Gottes Gegenwart begegne und die Fülle seiner Freude erlebe, kann ich mir fehlende Gliedmaßen, Krebs, Autoimmunerkrankungen, Blutkrankheiten und sonstige Krankheiten und Leiden aller Art anschauen und dabei lachen, wohl wissend, dass Gott die Siegesfeier schon vorbereitet hat und über die Torheit der Pläne des Feindes lacht. Ich kann voller Freude lachen, weil ich weiß, dass Gott mit mir ist und dass sich das Unmögliche vor seiner Gegenwart beugen muss."[8]

---

[7] Kevin Dedmon, *Den Himmel aufschließen,* Grain Press, 2010.
[8] Ibid. S. 101 und S. 105/106

Zur Autorin

Heidi Gneiting ist verheiratet und hat drei (erwachsene) Kinder. Sie ist in ihrer Gemeinde und auf Freizeiten im Bereich Jugendarbeit, neue Gottesdienstformen und Heilungsgebet tätig. In diesem Zusammenhang war sie schon öfter an kleineren und größeren Pionierprojekten beteiligt (prophetische Malseminare, „Hauskirchen" für Teenager, Tanz und Anspiele im Gottesdienst, neue Formen von Heilungsgebet etc.).

Durch Bücher von Bill Johnson und Kris Valloton, den beiden Hauptleitern der Bethel Church in Redding/Kalifornien wurde ihre Neugierde geweckt, das Königreich Gottes noch einmal von einer ganz neuen Seite kennenzulernen. Der Traum, dort einmal ein ganzes Jahr lang mit ihrem Mann hinzugehen und die BSSM (Schule des übernatürlichen Dienstes der Bethel Church) zu besuchen, schien zunächst nicht realisierbar. Doch als Gott ihr versprach „Ich mache dir eine Tür auf" wurde er plötzlich Wirklichkeit.

Kontakt: buch@hrhgneiting.de

Weitere Produkte von GloryWorld-Medien

„Kirche nach dem Herzen Gottes"

Bill Johnson/ Randy Clark, Berufen zu heilen I

Grundlagen und Praxis des Gebets für Kranke, 240 S., Pb.
Jeder Christ kann von Gott gebraucht werden, um anderen Heilung zukommen zu lassen. Das ist das Anliegen der beiden Autoren. Dazu berichten Sie, wie Gott sie in den Heilungsdienst hineinführte, und legen anschließend klare biblische Grundlagen für das Heilungsgebet. Im umfangreichsten Teil gehen sie auf verschiedene Aspekte ein, die für eine Heilung förderlich sind, erläutern, wie seelische und körperliche Krankheiten zusammenhängen und stellen dann ein in der Praxis bewährtes Modell für das Gebet um Heilung vor, das für alle Christen leicht anwendbar ist.

Cal Pierce, Eine Vision für Heilungsräume

Wenn Heilung durch Gebet so normal wird wie ein Arztbesuch
120 S.; Paperback
Welche Antworten hat die christliche Gemeinde auf die zunehmenden „unheilbaren" Krankheiten? 80 Jahre, nachdem John G. Lake damit begonnen hatte, in Spokane sogenannte Heilungsräume („healing rooms") einzurichten, wurde Cal Pierce von Gott geführt, diese Räume wiederzueröffnen. Viele Tausend haben dort inzwischen eine heilende Begegnung mit Gott erlebt. Er erzählt die packende Geschichte, wie es dazu kam, und vermittelt gleichzeitig die Vision für solche Heilungsräume weltweit.

Beni Johnson, Der glückliche Fürbitter

Mit Gott die Welt bewegen, ohne die Freude zu verlieren
Vorwort von Bill Johnson; 180 S., Paperback
Beni Johnson (die Frau von Bill Johnson) nimmt uns mit auf ihre Reise von einer schüchternen Person zu einer kühnen, aber glücklichen Fürbitterin. Gott offenbarte ihr einen Weg, wie sie aus seiner Gegenwart und seiner Liebe heraus in Einklang mit seinem Herzen effektiv beten kann.

Dieser Weg steht jedem Menschen offen. Fürbitte muss nicht dazu führen, dass uns die Anliegen und Probleme, für die wir eine Last haben, unter Druck bringen oder emotional beeinträchtigen. Den Himmel auf die Erde zu holen, kann sogar regelrecht Spaß machen. Unmögliches wird plötzlich möglich – ob es dabei um „kleine" Dinge in unserem persönlichen Umfeld geht oder um die Veränderung des geistlichen Klimas über unseren Städten und Nationen.

Gary Oates, Öffne mir die Augen, Herr

Wie wir mit Gott und seinen Engeln zusammenarbeiten können

120 S.; Paperback

Das Leben des heutigen „Normalchristen" ist nur wenig vom Übernatürlichen geprägt. Bei Gary Oates war das nicht anders, bis er durch einen großen geistlichen Hunger einige einschneidende Erlebnisse mit Gott hatte. Er wurde auf dramatische Weise im Geist in die Gegenwart Gottes versetzt und es wurden ihm die Augen für den Dienst der Engel geöffnet.

Dieses Buch geht nicht nur auf diese Erlebnisse ein, sondern ist eine praktische Anleitung dafür, wie wir in eine solche Vertrautheit mit Gott hineinfinden können, dass auch unsere geistlichen Sinne für diese himmlischen Dimensionen geöffnet werden.

Elaine C. Bonn, Heilung ist das Brot der Kinder

Gottes Gabe der Heilung empfangen und weitergeben

210 Seiten, Paperback

Elaine Bonns Anliegen ist es, uns ein gesundes Fundament zum Thema Heilung an die Hand zu geben und uns zu helfen, die Theorie als Einzelne und im Team in die Praxis umzusetzen. Seit über 25 Jahren stehen sie und ihr Mann im Heilungsdienst. 1999 gründeten sie die Heilungsräume von Minnesota. Dieses Buch ist eine Zusammenfassung ihrer Erkenntnisse und praktischer Erfahrung, eine Art Handbuch zum Thema Heilung empfangen und weitergeben.

Michele Perry, Liebe hat ein Gesicht

Abenteuer mit Jesus im Krisengebiet des Sudan – auf einem Bein!

Vorwort von Heidi Baker; 220 S., Paperback

Ohne linke Hüfte und linkes Bein geboren, ist es für Michele Perry „normal", das Unmögliche zu erleben. Als Gott ihr den Auftrag gab, in den vom Krieg verwüsteten südlichen Sudan zu gehen und dort ein Waisenhaus zu eröffnen, hielten sie alle für verrückt. Aber sie erlebte Gottes Treue wie nie zuvor: Er führte sie in einen entspannten Lebensstil des Geliebtseins hinein, in dem alles möglich wird und Wunder zum Alltag gehören, ob es um seelische oder körperliche Krankheiten, mangelnde Ressourcen, Bedrohungen durch Kriminelle oder ihre eigenen Unzulänglichkeiten geht.

Bestellen Sie im Buchhandel oder direkt beim Verlag:

GloryWorld-Medien | Postfach 4170 | D-76625 Bruchsal
Fon: 07257-903396 | Fax: 07257-903398 | info@gloryworld.de

Aktuelles, Leseproben, Downloads & Shop: **www.gloryworld.de**